T0145750

Bertrand Binoche est Professeur d'histoire de la philosophie moderne et contemporaine à l'Université Paris-I / Panthéon–Sorbonne.

RELIGION PRIVÉE,
OPINION PUBLIQUE

DANS LA MÊME COLLECTION

BARBARAS R., *La perception. Essai sur le sensible*, 120 pages, 2009.

BENOIST J., *Éléments de philosophie réaliste*, 180 pages, 2011.

GODDARD J.-Ch., *Violence et subjectivité. Derrida, Deleuze, Maldiney*, 180 pages, 2008.

LAUGIER S., *Wittgenstein. Les sens de l'usage*, 360 pages, 2009.

RAMOND C., *Descartes. Promesses et paradoxes*, 160 pages, 2011.

MOMENTS PHILOSOPHIQUES

Bertrand BINOCHE

RELIGION PRIVÉE, OPINION PUBLIQUE

PARIS
LIBRAIRIE PHILOSOPHIQUE J. VRIN
6, place de la Sorbonne, V^e
2012

En application du Code de la Propriété Intellectuelle et notamment de ses articles L. 122-4, L. 122-5 et L. 335-2, toute représentation ou reproduction intégrale ou partielle faite sans le consentement de l'auteur ou de ses ayants droit ou ayants cause est illicite. Une telle représentation ou reproduction constituerait un délit de contrefaçon, puni de deux ans d'emprisonnement et de 150 000 euros d'amende.

Ne sont autorisées que les copies ou reproductions strictement réservées à l'usage privé du copiste et non destinées à une utilisation collective, ainsi que les analyses et courtes citations, sous réserve que soient indiqués clairement le nom de l'auteur et la source.

© *Librairie Philosophique J. VRIN*, 2012
Imprimé en France

ISSN 1968-1178
ISBN 978-2-7116-2413-3

www.vrin.fr

To the witch

ÉTAT DES LIEUX

C'est en 1962 que parut l'ouvrage de Habermas, intitulé en français par Marc de Launay, seize ans plus tard, *L'espace public*. Après coup, il n'apparaît pas seulement comme une étape décisive dans l'itinéraire du philosophe allemand, mais aussi comme le foyer d'enquêtes et de polémiques qui essaiment jusqu'à présent. Ce foisonnement s'inscrit à vrai dire à son tour dans la longue réflexion – certains écriraient, non sans motifs, dans la longue mystification – qui a accompagné le triomphe, relatif et provisoire, de l'État représentatif moderne. Celui-ci se trouvait en effet congénitalement solidaire de l'« opinion » pour autant qu'au peuple représenté sous une forme parlementaire se juxtaposa toujours un public opinant, bien plus difficilement assignable. Ou, si l'on préfère une formulation plus triviale – mais le problème l'est après tout lui-même absolument, trivial, et son insistance aussi quotidienne que les journaux que nous survolons avec un mélange variable de curiosité, de distraction et de méfiance : nous ne pouvons pas ne pas nous demander quelle épaisseur accorder à cette instance, sans cesse évoquée et toujours évanouissante, que nous nommons « l'opinion publique ». En 1796 déjà,

Madame de Staël observait avec inquiétude : « […] l'impartial pouvoir, qu'on appelle le public, ne se montre nulle part »[1].

Or *L'espace public* dut sa force à ce qu'il présentait un véritable paradigme : celui d'une axiologie de la discussion, c'est-à-dire d'un espace abstrait et parfaitement homogène où des interlocuteurs, par hypothèse égaux en tant que rationnels – les citoyens eux-mêmes –, disposent à la fois du droit et du devoir d'exposer en toute sincérité à la critique ce qu'ils pensent être favorables à l'intérêt commun. La fameuse *Réponse* de Kant *à la question Qu'est-ce que les Lumières ?* (1784) apparaît sans doute ici comme le texte le plus emblématique. Dans un tel espace, le « public » se dissocie de l'État et s'invente comme sujet[2]. Pour le dire en un autre langage, la société civile peut se réfléchir sur un mode rationnel qui n'est pas, qui n'est plus, idéologique, et elle conquiert, contre l'État, une autonomie qui n'est pas seulement matérielle, mais aussi spéculative – elle se pense, elle-même et ses fins, dans l'approximation consciente de vérités indéfiniment rectifiables. Que, historiquement, cette invention ait été celle d'une classe (la bourgeoisie des Lumières) ne signifie pas, en effet, qu'elle y soit réductible : « La culture bourgeoise n'était pas une pure et simple idéologie »[3]. Elle ne l'était pas parce que, au moins

---

1. *De l'influence des passions*, Paris, Payot, 2000, p. 86.

2. Pour parler comme H. Merlin-Kajman dont le beau livre *Public et littérature au XVIIe siècle* (Paris, Les Belles-Lettres, 1994, ici notamment p. 209, 213, 349) complète l'analyse de Habermas plus qu'il ne le contredit en analysant la constitution du public-sujet dans le champ littéraire avec la querelle du *Cid* et les polémiques qui suivirent la parution de *La Princesse de Clèves*.

3. J. Habermas, *L'espace public*, Paris, Payot, 1993, p. 168. Voir aussi p. 97 : « Ce que le public croyait être et croyait faire était à la fois idéologie, mais plus que simple idéologie ».

virtuellement, elle impliquait l'universalité : Wieland déclare
en 1773, que « le fils de la terre le plus anonyme, s'il a quelque
chose d'intelligent à dire, a sa voix aussi bien que le président
d'une académie »[1]. Et que de fait la promesse n'ait pas été
tenue, que l'idéal se trouve, dès le siècle suivant, « réduit à
n'être plus qu'idéologie »[2], cela n'autorise pas à inférer
que le combat soit définitivement perdu ; au contraire, cela
ne peut qu'inciter à aller toujours plus loin dans la stipulation
des réquisits d'une intercommunication optimale. C'est
Oskar Negt, en 1972, dans *Espace public et expérience*, qui
débordera Habermas sur sa gauche en arguant de ce que, dans
un espace social irrémédiablement clivé par les antagonismes
sociaux, toute synthèse de ce genre ne peut être qu'« illusion
politique » : dès lors, au lieu de prétendre libérer l'espace,
dit fallacieusement « public », de corruptions qui lui sont
inhérentes, il faut bien plutôt élaborer un autre espace d'argumentation, résolument prolétarien, où ceux qui sont interdits
d'accès à l'espace bourgeois pourront objectiver eux-mêmes
correctement leur propre situation et coaguler les sentiments
individuels d'injustice par des institutions originales
– journaux, assemblées, grèves, etc.[3]. La brillante critique
opérée en 1992 par Nancy Fraser et faisant valoir l'existence

---

1. Cité par L. Hölscher, « Öffentlichkeit », in *Geschichtliche
Grundbegriffe*, O. Brunner, W. Conze, R. Koselleck (eds.), Stuttgart, E. Klett-
G. Cotta, 1978, t. IV, p. 436.

2. J. Habermas, *L'espace public, op. cit.*, p. 245.

3. O. Negt, *L'espace public oppositionnel*, trad. fr. A. Neumann, Paris,
Payot, 2007, p. 116-120. Ce que Axel Honneth, toujours dans le sillage de
Habermas, appelle de son côté « une sémantique collective qui permet d'inter-
préter les déceptions personnelles comme quelque chose qui n'affecte pas
seulement le moi individuel, mais aussi de nombreux autres sujets » (*La lutte
pour la reconnaissance* [1992], trad. fr. P. Rusch, Paris, Cerf, 2000, p. 195).

de « contre-publics subalternes » dont il s'agit de reconnaître la positivité pour les intégrer positivement à une sphère publique postbourgeoise peut être considérée comme s'inscrivant dans le même sillage[1].

C'est à partir de là que se déploient les trois principales orientations qui entendent rectifier ces analyses de Habermas. Pour autant que celui-ci demeurait, en 1962, ouvertement tributaire de l'héritage marxiste revisité par les pères de l'École de Francfort, il devait être la cible d'historiens qui, dans le sillage de Furet et donc peu suspects de sympathie pour cette tradition, lui opposèrent, au nom de l'empirie, le *tribunal public*. Dans un brillant article de 1987, Keith Baker niait que le « public » puisse être originellement qualifié de « bourgeois » : bien au contraire, il avait surgi comme un « principe de légitimité extérieur » chargé d'arbitrer les conflits croissants entre la couronne et ses adversaires[2]. L'opinion publique, ce n'est alors pas la bourgeoisie qui s'efforce de conquérir son autonomie réflexive pour limiter le pouvoir absolu, mais le nom d'un arbitre mystérieux pris à témoin par chacune des parties prenantes. Son identité, loin d'être réductible à un acteur socialement localisable, se trouve, par hypothèse, elle-même litigieuse : chacun s'en autorise pour justifier ses prétentions. Mais cela ne l'empêche pas d'être effectivement contraignante : là où le préambule d'une ordonnance royale de 1719 réaffirmait que, si les rois sont « engagés indispensablement à travailler au bonheur de leurs peuples, ils ne le sont pas à rendre les raisons des moyens

1. « Repenser la sphère publique : une contribution à la critique de la démocratie telle qu'elle existe réellement », *Hermès*, n°31, 2001, p. 125-156.
2. K. Baker, « Politique et opinion publique sous l'ancien régime », *Annales ESC*, janvier-février 1987, p. 41-71.

qu'ils prennent pour y réussir»[1], Necker n'hésitera pas en 1784 à affirmer, au sujet desdits rois : «Il n'est pas moins essentiel d'éclairer le tribunal devant lequel ils sont appelés à comparaître, et ce tribunal est celui de l'opinion publique»[2]. Un juge (l'opinion publique) éclipse l'autre (Dieu), auprès duquel il faut plaider sa cause; désormais il faut rendre des comptes à ceux dont on doit assurer le bonheur; on n'est plus seulement tenu de viser une fin, il faut encore justifier les moyens. Sara Maza fit à son tour ressortir, en 1993, comment c'était la même opinion que prenaient à témoin les avocats dans les grandes affaires judiciaires de la fin du siècle, comme l'atteste d'ailleurs *La Religieuse* de Diderot dont le cas, ô combien pathétique, nourrit des mémoires chargés vainement de la défendre ou, au contraire, plus efficacement hélas, de la rendre «odieuse aux yeux du public»[3]. Trois ans plus tard, Dale Van Kley, à propos cette fois du serpent de mer jansé-niste, affirma que l'opinion publique avait émergé comme «une force politique ou d'appel»[4]. Dans tous les cas, il s'agis-sait de montrer comment l'absolutisme, se trouvant irrésisti-blement tenu de se défendre publiquement, n'était déjà plus absolu. C'est cette approche que contesta J.A.W. Gunn, en 1995, quand il entreprit de prouver, avec une formidable

1. Cité par A. Farge, *Dire et mal dire. L'opinion publique au XVIIIe siècle*, Paris, Seuil 1992, p. 198. Voir aussi Bossuet, *Politique tirée des propres paro-les de l'Écriture sainte*, Genève, Droz, 1967, p. 112, à propos du prince : «[…] moins il a de compte à rendre aux hommes, plus il a de compte à rendre à Dieu».

2. Cité par L. Hölscher, «Öffentlichkeit», art. cit., p. 450.

3. S. Maza, *Vies privées, affaires publiques. L'opinion publique au XVIIIe siècle*, trad. fr. C. Beslon et P.-E. Dauzat, Paris, Fayard, 1997. Diderot, *Œuvres complètes*, Paris, Hermann, t. XI, 1975, p. 181, 186 et 250.

4. *Les origines religieuses de la Révolution française* (1560-1791), trad. A. Spiess, Paris, Seuil, 2002, p. 151.

érudition, que la question de l'opinion publique était bien antérieure à la crise de l'absolutisme et qu'elle remontait à la fin du XVIᵉ siècle en liaison avec les discours de la raison d'État et le problème de la réputation du Prince [1].

Bien entendu, les historiens se trouvèrent aussi conduits à interroger la réalité matérielle du « public » et à enquêter empiriquement pour procéder à son identification. C'est ainsi, par exemple, qu'Antoine Lilti pouvait établir que l'espace social des Lumières n'était en réalité nullement uniforme et que l'opinion observable dans les salons, « l'opinion du monde » comme « culture de la connivence où s'effectuent les partages sociaux et où s'éprouvent les hiérarchies mondaines », n'avait pas grand-chose à voir avec « l'opinion du public » comme échange argumentatif [2]. C'est ainsi encore que Franck Salaün a pu observer la différenciation des publics, dont le parterre n'est qu'un sous-ensemble, dans le champ du théâtre [3]. D'une manière ou d'une autre, la recherche historienne eut donc pour résultat de *brouiller* aussi bien l'identité du « public », congénitalement instable, que l'homogénéité de l'« espace » correspondant, pluralisé en sphères relativement disjointes où l'opinion s'élaborait à chaque fois selon des modalités spécifiques.

Il est permis de penser que Foucault pensait, lui aussi, à Habermas lorsqu'en 1978, il retrouvait ledit public comme

---

1. J.A.W. Gunn, *Queen of the World : Opinion in the Public Life of France from the Renaissance to the Revolution*, Oxford, Voltaire Foundation, 1995, p. 6.

2. A. Lilti, *Le monde des salons : sociabilité et mondanité à Paris au XVIIIᵉ siècle*, Paris, Fayard, 2005, p. 53-55 et 319-355.

3. F. Salaün, *L'autorité du discours. Recherches sur le statut des textes et la circulation des idées dans l'Europe des Lumières*, Paris, Champion, 2010, p. 327

objet de gouvernement : « Le public, notion capitale au XVIIIe
siècle, c'est la population prise du côté de ses opinions, de ses
manières de faire, de ses comportements, de ses habitudes, de
ses craintes, de ses préjugés, de ses exigences, c'est ce sur quoi
on a prise par l'éducation, par les campagnes, par les convictions »[1]. Faisant complètement basculer l'analyse, il identifiait ainsi le public à la « population » entendue comme masse
statistique, et en faisait la cible d'une gouvernementalité
nouvelle, la désormais notoire « biopolitique ». Cela revenait
bien entendu à renverser la perspective initiale puisque le sujet
d'une opinion potentiellement rationnelle devenait ainsi
l'objet d'un rapport de pouvoir dont l'opinion est l'instrument
majeur : « Et quand, à propos de la vérité, les théoriciens de la
raison d'Etat insistent sur le public, c'est en quelque sorte
d'une manière purement passive que l'analyse se fait. Il s'agit
de donner aux individus une certaine représentation, une
certaine idée, de leur imposer quelque chose, et aucunement
de se servir d'une manière active de leur attitude, opinion,
manière de penser »[2]. De fait, il est indéniable que quand
Rousseau problématise l'opinion publique en 1758 dans la
Lettre à d'Alembert, c'est encore comme la médiation requise
pour modifier les comportements : « Par où le gouvernement
peut-il donc avoir prise sur les mœurs ? Je réponds que c'est
par l'opinion publique » et celle-ci se trouve explicitement
caractérisée comme imperméable à la raison : « Ainsi l'on a
beau faire : ni la raison, ni la vertu, ni les lois ne vaincront

---

1. M. Foucault, *Sécurité, territoire et population*, Paris, Gallimard-Seuil,
2004, p. 77.
2. *Ibid.*, p. 283-284.

l'opinion publique tant qu'on ne trouvera pas l'art de la changer »[1].

Évitant soigneusement Foucault, et substituant la « gouvernabilité » à la « gouvernementalité », c'est à un renversement toutefois analogue que procédait Dominique Reynié, en 1998, dans *Le triomphe de l'opinion publique*. Ce triomphe-là n'est en effet guère glorieux puisqu'il n'est pas celui d'un vecteur d'émancipation, mais bien au contraire celui d'une construction politique qui n'a pas d'autre fin que de rendre gouvernables les masses démocratiques. Comment cela? Précisément en doublant l'espace public réel, c'est-à-dire réellement périlleux, qui est d'abord celui de la rue et des manifestations populaires, d'un espace abstrait dont la fonction première est de disqualifier, par son existence même, celui dont il est l'ersatz concerté. Ce que Habermas appelle « espace public » se trouve ainsi réservé à l'intervention de clercs qui peuvent bien y dire ce qu'ils veulent du moment qu'ils ne franchissent pas le seuil fonctionnel qui est le leur, c'est-à-dire du moment qu'ils n'y font justement qu'exprimer des *opinions* et qu'ils n'en débordent pas l'étanchéité en incitant à agir : « La publication des opinions doit nourrir les opinions, non les actions. L'espace public doit rester fermé sur lui-même, comme un pur espace des opinions »[2]. Peu importe donc que l'opposition s'exprime, dès lors qu'elle n'oppose que des opinions et qu'elle dépouille ainsi *ipso facto* de toute légitimité la véritable opposition qui s'exprimerait ailleurs, dans un espace concret où les masses vociférantes diraient

1. *Œuvres complètes*, Paris, Gallimard, t. V, 1995, p. 61 et 64. Voir *infra*, chap. IV, p. 126-127.
2. D. Reynié, *Le triomphe de l'opinion publique*, Paris, Odile Jacob, 1998, p. 309.

sans ambages ce que doivent en principe filtrer les élites pensantes de la nation. C'était ici l'analyse méticuleuse des textes législatifs qui armait la démonstration d'un historien des sciences politiques.

Mais on put enfin, d'un point de vue qui était celui du sociologue – ou du moins d'une certaine sociologie – aller jusqu'au bout de la critique et *nier* brutalement l'existence même de l'opinion publique : « "L'opinion est favorable à une augmentation du prix de l'essence". On accepte une telle phrase sans se demander si quelque chose comme "l'opinion publique" peut exister et comment. Pourtant, la philosophie nous a appris qu'il y a un tas de choses dont on peut parler sans qu'elles existent [...] »[1]. En 1962, l'entreprise de Habermas s'était en bonne partie construite contre une sociologie d'après-guerre qui prétendait se hisser à une positivité inédite par la mesure scientifique de l'opinion au moyen des sondages ; à quoi *L'espace public* rétorquait, documents à l'appui, que l'opinion bien comprise n'était justement pas ce qu'on quantifiait de la sorte[2]. Avec Bourdieu et les siens, il s'agit bien plutôt de montrer comment l'opinion se réduit à un *artefact médiatique*. Le problème est alors d'identifier les mécanismes en fonction desquels on se trouve en mesure, pour reprendre le titre significatif d'un ouvrage important à cet égard, de « faire » l'opinion[3], c'est-à-dire de multiplier les analyses du « champ » constitué différentiellement par des

1. P. Bourdieu, *Choses dites*, Paris, Minuit, 1987, p. 70.

2. Voir S. Haber, « Pour historiciser *L'espace public* d'Habermas », P. Boucheron et N. Offenstadt (dir.), *L'espace public au Moyen Âge*, Paris, P.U.F., 2011, p. 28.

3. P. Champagne, *Faire l'opinion. Le nouveau jeu politique*, Paris, Minuit, 1990.

médias imprimés, radiophoniques ou télévisuels dont la vocation est aujourd'hui bien plus commerciale que politique. Leur autonomisation relative les a, en effet, au moins pour une part, soustraits aux tutelles idéologiques, mais c'est pour les vouer à une corruption désormais interne, celle des concurrences internes au champ, des procédures d'auto-légitimation du champ lui-même, et de la rentabilité. Ce sont ces mécanismes qui génèrent la prétendue «opinion», recueillie ensuite et circulairement par nos fameux «politologues», ceux que Bourdieu appelle après Platon les «doxosophes»[1], lesquels se montrent d'autant plus pontifiants que, par hypothèse, leur fonction se réduit à mettre en forme les sottises éphémères dictées par une information qui tient surtout, en fin de compte, de la diversion – d'où le privilège qu'elle accorde aux justement nommés *faits divers*.

Raisonner, arbitrer, gouverner, fabriquer : de l'espace public comme intercommunication argumentative et citoyenne à l'opinion publique comme bavardage sollicité de ternes panels, en passant par le modèle du tribunal et par la critique d'un mode de gouvernement propre à l'ère des masses, l'objet initial se dissout en un leurre absolu tout à fait incompatible avec l'usage par chacun, en relation avec tous, de son propre entendement. Or cela paraît signer l'échec sans retour des Lumières : au fond, que nous ne puissions vivre ensemble que dans la sphère confuse d'une opinion à laquelle on aurait tort de conférer une quelconque dignité, cela veut bien dire que l'espoir d'une communauté rationnelle dépourvue de préjugés, ou si l'on préfère d'idéologie, ne pouvait être lui-même qu'idéologique, en tout cas vain. Car la marque de

---

1. P. Bourdieu, , *Choses dites*, *op. cit.*, p. 221.

notre finitude politique consiste précisément en ceci que nous ne pouvons jamais faire l'économie de l'adhésion collective à une croyance *stricto sensu*, c'est-à-dire à une sorte de contenu dogmatique dont, par définition, nous ne pouvons pas, au moins pour la plupart d'entre nous, rendre raison. C'est alors à Burke qu'il faudrait rétrospectivement accorder le dernier mot lorsque, dans une page justement célèbre datant de 1790, il arguait du caractère indépassable des vieux préjugés nationaux et opposait la sagesse d'outre-Manche à la fureur abstraite des révolutionnaires français : la première se borne à mettre au jour la raison enfouie dans le préjugé public sans porter atteinte à celui-ci, lequel rend les plus grands services pour autant qu'il tient lieu d'instinct et épargne au tout-venant les atermoiements de la délibération ; la seconde procède à une véritable destruction universelle par l'effet d'un nouveau fanatisme d'autant plus effrayant qu'il se réclame des philosophes[1]. Taxer Burke, à bon droit sans doute, de « réactionnaire » ne suffira certainement pas à le contredire sérieusement.

L'enjeu est donc de taille et il n'est pas étonnant que les esprits soient nombreux à s'y rencontrer. Le présent ouvrage entend contribuer à la discussion à partir d'une thèse à la fois simple (peut-être trop) et décisive (si elle n'est pas fausse) que l'on pourrait formuler lapidairement ainsi : c'est *parce que* la religion devint privée que l'opinion devint publique.

À son point de départ, il y a le constat d'une coïncidence : vers 1750, la tolérance a triomphé dans les esprits éclairés et, à peu près au même moment, l'opinion publique acquiert sa

---

1. E. Burke, *Réflexions sur la révolution de France*, trad. fr. C. Andler, Paris, Pluriel-Hachette, p. 110.

signification moderne, on se demande sans cesse ce qu'elle est, on la brandit comme instance de légitimation et on cherche à lui garantir ses conditions de possibilité. Mais qu'est-ce que la tolérance, sinon la disjonction tendancielle de la religion et du lien civil[1]? Et qu'est-ce que l'opinion publique, sinon la représentation d'un lien civil strictement réfléchi? De sorte que l'hypothèse ne peut pas ne pas être formulée : n'est-ce donc pas parce que la religion se trouve désormais réduite à de simples opinions irréductiblement plurielles – les convictions intimes en matière de salut dont la tolérance sanctionne l'irréductibilité – que l'opinion, la vieille *doxa* méprisée de tous les philosophes, acquiert une dignité nouvelle et se transforme en cette opinion publique (au singulier) à laquelle le philosophe a alors pour vocation de contribuer pour le bien de tous? Bref, on ne peut pas comprendre la formation de l'idée même d'opinion publique si on ne la met pas en rapport avec les formidables défis induits par celle de tolérance. Il faut donc procéder à une sorte de régression spéculative et identifier les réquisits intellectuels de son apparition. Une telle analyse ne prétend pas invalider celles qui ont été mentionnées trop cavalièrement plus haut; elle veut juste – mais ce ne serait déjà pas si mal – faire apparaître quelque chose d'autre, à savoir une causalité bien réelle, même si elle n'est pas exclusive, et indispensable à son intelligibilité historique.

À son intelligibilité historique et conceptuelle. En effet, en procédant ainsi, nous ne comprenons pas seulement comment on en est venu à parler d'« opinion publique ». Nous discernons aussi comment celle-ci avait bien pour fin de

---

1. A. Jouanna, *La Saint-Barthélemy. Les mystères d'un crime d'État*, Paris, Gallimard, 2007, p. 30 et 131-132.

résoudre un problème constitutif des Lumières dont il n'est peut-être pas excessivement emphatique de dire qu'il est bien, en un sens que nous n'avons pas fini d'examiner, le problème des sociétés démocratiques modernes pour autant qu'elles ont précisément hérité de celles-ci. Ce problème, pour le formuler dans le langage de Habermas, c'est celui de savoir si nous pouvons régler notre cohabitation par de simples procédures, si raffinées institutionnellement soient-elles, ou s'il nous faut toujours autre chose, de l'ordre du substantiel – Guizot l'appelait, en des termes plus suggestifs, « une sorte de credo populaire »[1]. Une stricte confrontation des opinions est-elle possible, qui ne se doublerait pas toujours d'une dogmatique plus ou moins honteuse? N'a-t-il pas fallu, de toute nécessité, resubstantialiser à nouveaux frais, vaille que vaille, ce que l'on appelle depuis longtemps le « lien social »? Bref, l'opinion publique peut-elle effectivement s'arracher à l'opinion tout court? Telle est la difficulté qui ne peut être clarifiée que si elle est d'abord reconduite à cette autre: la tolérance pouvait-elle donc se penser jusqu'au bout sans conduire à préconiser l'institution d'un corps substitutif de croyances? D'où les deux parties de cet ouvrage, la première consacrée aux paradoxes de la tolérance et la seconde aux équivoques de l'opinion publique.

L'historien éprouvera ici quelque légitime méfiance à l'endroit du programme dangereusement abstrait d'un esprit plus familier des concepts que des institutions: sans doute, il n'y a rien à faire, il demeurera insatisfait, ne sachant trop à quelle sorte d'« histoire » il a affaire, à une vraie histoire

---

1. F. Guizot, *Des moyens de gouvernement et d'opposition dans l'état actuel de la France* (1821), chapitre VIII, Paris, Belin, 1988, p. 114. Voir *infra*, chap. IV, p. 146-147.

proprement documentée ou à une régression trop spéculative pour être vraie. Sociologues et politistes pourront à leur tour objecter que les institutions et les argumentaires modernes ayant trait à l'opinion publique sont ici bien négligés. Les littéraires enfin – mais la liste est-elle close ? – déploreront que les riches analyses consacrées à la constitution, à l'âge classique, d'un public de lecteurs ou de spectateurs soient si peu prises en compte. A quoi il n'y a rien à répondre que ceci : un ouvrage se donne une fin et les moyens idoines. Si l'on veut vraiment le juger – ce qui, au fond, n'est peut-être pas indispensable car d'un livre il faudrait seulement se demander ce qu'on peut en tirer –, il vaut mieux que ce soit sur ceux-ci que sur d'autres fins et d'autres moyens.

Dans ces pages, on rencontrera une histoire de philosophe, qui n'invalide ni ne méprise les autres histoires. Plutôt, qui les utilise très sélectivement pour interroger le statut d'une entité aux contours instables : « l'opinion publique ». Celle-ci fut peut-être, le temps d'un midi, un *concept*, mais elle ne l'est plus depuis déjà longtemps. Aussi bien, la chouette de Minerve s'éveille le soir, quand tout s'efface dans le crépuscule de ces mots qui, à force d'usage, comme des vêtements trop longtemps portés, ont perdu leurs plis et sont d'autant plus confortables qu'ils sont sans forme. Ce sont ceux-là dont les idéologues font leur pâture et ce sont ces idéologues que nous, philosophes, nous avons toujours pour vocation de combattre. Il est vrai que notre combativité n'est guère encouragée ces temps-ci et qu'entre chiens et loups, la distinction se fait fort confuse, mais enfin nous en avons vu d'autres !

PREMIÈRE PARTIE

LES PARADOXES DE LA TOLÉRANCE

Chapitre premier

LE PARADOXE

Impuissance de l'Église, impuissance de l'État

C'est un truisme que de reconduire la tolérance aux guerres de religion. Mais il vaut tout de même la peine de rappeler que la solution, car ç'en fut une, n'allait nullement de soi. Bien au contraire : des diverses options qui se présentaient à l'esprit des contemporains, c'était certainement la moins évidente, la plus difficile à concevoir pour des raisons qu'il s'agit ici de reconstruire synthétiquement.

La solution la plus immédiate, ce fut sans doute la solution par l'Église. En effet, dès lors que les conflits se présentaient, quelles qu'en soient les arrière-pensées, comme des conflits dogmatiques, il était tout naturel d'entreprendre de les résorber par le biais de colloques destinés à établir des compromis doctrinaux. Mais les spécialistes du dogme ne parviennent pas à s'accorder et même si ce sont les souverains qui sont à la source de ces tentatives – ainsi, par exemple, du colloque de Saint-Germain voulu en 1562 par Marie de Médicis –, l'échec de celles-ci se porte au débit des ressources propres aux institutions ecclésiastiques traditionnelles. Pour le dire crûment, les théologiens paraissent impuissants à résoudre leurs propres problèmes[1]. Pour les Lumières françaises, qui auront vu entretemps le jansénisme produire ses effets, ce sera là un acquis. Montesquieu en témoignera avec la plus grande clarté en 1754; à ses yeux, l'expérience autorisera un constat « aisé » qu'il est inutile de justifier plus avant :

> On peut aisément se convaincre qu'il est impossible que la paix vienne de la part d'un consentement mutuel des théologiens; car, si elle avait pu venir par là, les peines, les soins infatigables que les ministres se donnent sur cela depuis quarante ans l'auraient certainement procurée [...] [2].

Voltaire, une dizaine d'années plus tard, dans le *Traité sur la tolérance*, le dira autrement, mais ne dira pas autre chose. A la fin du dix-neuvième chapitre, il relate ainsi la rencontre en Chine d'un jacobin et d'un jésuite :

> La querelle s'échauffa; le jacobin et le jésuite se prirent aux cheveux. Le mandarin, informé du scandale, les envoya tous deux en prison. Un sous-mandarin dit aux juges : "Combien de temps votre Excellence veut-elle qu'ils soient aux arrêts? – Jusqu'à ce qu'ils soient d'accord, dit le juge – Ah! dit le sous-mandarin, ils seront donc en prison toute leur vie – Hé bien, dit le juge, jusqu'à ce qu'ils se pardonnent – Ils ne se pardonneront jamais, dit l'autre; je les connais bien – Hé bien! donc, dit le mandarin, jusqu'à ce qu'ils fassent semblant de se pardonner [3].

Éloquent, le sarcasme est sans équivoque : des prêtres, il n'y a aucune concession doctrinale à attendre, pas plus que

---

1. Voir O. Cristin, *La paix de religion*, Paris, Seuil, 1997, p. 22-23.
2. « Mémoire sur le silence à imposer sur la Constitution » in *Œuvres complètes*, t. IX, Oxford, Voltaire Foundation, 2006, p. 532-533.
3. *Mélanges*, Paris, Gallimard, 1961, p. 630.

l'on ne peut tabler sur la charité qui leur enjoint en vain d'accorder à autrui le droit de rechercher son salut comme il l'entend. En revanche, sous la contrainte d'un pouvoir souverain fort en l'absence duquel le conflit se perpétuerait sans recours, on peut espérer une tolérance extérieure, la reconnaissance par chaque église de l'existence civile de ses rivales.

Ce que Voltaire dit ainsi, c'est que l'incapacité des appareils ecclésiastiques à trancher eux-mêmes les litiges dont ils paraissaient les premiers responsables devait naturellement apparaître comme une occasion à ne pas rater par le grand adversaire de toujours, à savoir l'État. Quel formidable surcroît de légitimité celui-ci ne pouvait-il pas attendre d'un règlement proprement politique des conflits ? La solution par l'État devait donc se présenter aux esprits, ou au moins à certains d'entre eux, comme bien séduisante : en garantissant à lui seul la paix civile, il s'assurait du même coup le monopole de la légitimité – pour autant bien sûr que celle-ci se trouvait alors définie par la paix civile, ainsi que Hobbes ne manqua pas de le signifier très expressément lorsqu'il déclara que la somme de la loi de nature dont l'État a pour vocation de garantir le respect « consistait à faire la paix »[1].

Mais que signifie « un règlement proprement politique des conflits » ? Cela signifie un règlement par les moyens spécifiques de l'État, à savoir la loi civile accompagnée de la force sans laquelle elle demeurerait sans effet. Quant au pouvoir spirituel, il doit alors faire l'objet d'une stricte subordination au pouvoir temporel, la question théologico-politique se trouvant ainsi tranchée de manière parfaitement unilatérale. Cette inféodation va prendre deux formes bien distinctes.

---

1. *Éléments de la loi naturelle et politique* (1640), part. I, chap. 15, § 2.

D'un côté, il faut reconnaître que les opinions commandent aux volontés, lesquelles déterminent à leur tour les actions, sans que ni celles-ci ni celles-là ne conservent la moindre marge d'autonomie ; c'est là une chaîne causale qui ne fait aucune place au libre arbitre. Il est donc impératif de réserver en amont à l'instance souveraine un droit de contrôle sur tout ce qui est enseigné dans l'État. Quand il s'agit de discours qui prétendent légitimer l'obéissance à Rome et qui menacent l'hérétique des feux de l'enfer, cet impératif est au plus haut point contraignant car la crainte d'un châtiment éternel l'emporte toujours sur celle d'une sanction purement temporelle[1]. De ce point de vue, le gouvernement des actes passe par celui des esprits et il ne peut en aller autrement puisque l'homme se trouve défini comme un être qui se comporte *nécessairement* en fonction de ses opinions. Ce que nous pourrions avoir envie d'appeler la contrainte par l'idéologie, en prenant le mot au sens vague où on l'entend couramment aujourd'hui, se fonde ainsi dans une anthropologie résolument déterministe.

D'un autre côté, il faut concéder qu'en matière de croyance, la contrainte légale rencontre vite ses limites : que le souverain ait le droit d'imposer à tous ses sujets une même option religieuse est une chose, qu'il puisse de fait y parvenir est autre chose. On peut toujours censurer les sermons incitant à la rébellion, et il le faut, mais on ne peut pas, par des moyens strictement politiques, et même par la menace de la torture, produire l'adhésion de cœur aux dogmes officiels : « Pour la *pensée* et *croyance* intérieures des hommes, dont les chefs humains ne peuvent avoir connaissance (car Dieu seul connaît

---

1. *Du citoyen* (1642), chap. 6, § 11.

le cœur), elles ne sont pas volontaires et ne résultent pas des lois, mais de la volonté non révélée et du pouvoir de Dieu : en conséquence elles ne tombent pas sous le coup d'une obligation »[1]. D'un point de vue strictement dogmatique, on peut certes montrer que cette limitation ne justifie aucune résistance en terre chrétienne puisque, par hypothèse, il n'y a pas matière à conflit : chrétien, le souverain affirme que Dieu est le Christ, ce qui suffit au salut. Mais en terre païenne ? Et, même en Europe chrétienne, que répondre au monarque qui prétend que cela ne suffit justement pas et que, par exemple, le culte des saints n'est pas indifférent ? Cette inaccessibilité du for intérieur ne fournit-elle pas une objection décisive à l'érastianisme, à l'affirmation du caractère absolu de l'autorité civile en matière religieuse ? Au contraire : le génie de Hobbes consiste à la retourner *en faveur de* sa thèse. En effet, c'est précisément *parce que* le croyant n'engage pas son for intérieur en pratiquant le culte officiel qu'il peut s'y soumettre sans craindre de compromettre son salut éternel – et parce qu'il le peut, il le doit aussi. C'est ainsi que Naaman le Syrien, converti au Dieu d'Israël, put et dut adorer Remnon car il ne faisait ainsi qu'obéir aux lois de son souverain, et donc aux lois de Dieu lui-même qui ordonne d'obéir aux lois civiles, sans engager pour autant sa foi « intérieure et invisible »[2]. L'impuissance de la loi à contraindre l'intériorité implique, paradoxalement à nos yeux, l'obligation de l'obéissance extérieure.

1. *Léviathan* (1651), chap. 40, trad. fr. F. Tricaud, Paris, Sirey, 1971, p. 496.

2. *Léviathan*, chap. 42, *op. cit.*, p. 523-524 et chap. 43, p. 611-620. La référence à Naaman renvoie au second livre des *Rois*, V, 17.

En amont donc, le souverain contrôle étroitement les opinions enseignées afin de gouverner les actes. En aval, pour autant que les convictions existantes seraient contraires à l'orthodoxie civile et pour autant qu'elles se trouvent *de facto* incontrôlables, loin de justifier la désobéissance, leur inaccessibilité même ôte tout prétexte à celle-ci : le souverain ne pouvant me contraindre à croire ce qu'il me contraint à professer, je ne peux arguer de ma croyance pour refuser de le professer ; ce sont là choses bien distinctes. Mais l'argumentaire se trouve-t-il ainsi correctement verrouillé ou parfaitement contradictoire ? Peut-on dire d'un côté que l'homme agit nécessairement en fonction de ses convictions et, de l'autre, qu'il doit agir en contredisant délibérément celles-ci et en pratiquant un culte qu'il réprouve en lui-même ? Oui, bien sûr, dès lors que celui qui se comporte ainsi se trouve *d'abord persuadé* par ce que Hobbes entend démontrer – à savoir qu'en matière religieuse je ne suis pas tenu de rendre le culte correspondant à ma croyance. En effet, ayant admis que ses convictions religieuses ne doivent pas nécessairement déterminer sa pratique religieuse, Naaman ne cesse pas de se comporter en fonction de ses opinions. Ce sont les convictions *de la nouvelle science politique* qui sont ici déterminantes en dernière instance. Et finalement, chacun peut bien croire ce qu'il veut dès lors que tous adoptent le même culte.

Mais il faut encore objecter ceci : après tout, quand bien même tout ce qui précède serait rigoureux, pourquoi donc faut-il que le souverain impose *un seul* culte ? Ne pourrait-il pas exclure les croyances dangereuses tout en tolérant celles qui ne le sont pas ? C'est la définition même du *commonwealth* qui répond à cela :

> Mais, étant donné que la République est une personne unique, elle doit aussi rendre à Dieu un culte unique : ce qu'elle fait

lorsqu'elle ordonne qu'un tel culte soit rendu officiellement par les particuliers. Tel est le culte officiel dont le propre est d'être *uniforme* [*uniform*] (...)[1].

On voit que cette coïncidence de la République et de l'Eglise[2] se fonde sur le concept de « personne » élaboré tardivement par Hobbes (au chapitre 16 du *Léviathan*) : la paix tient à l'unité du corps politique, laquelle tient à l'unité du représentant des parties prenantes au contrat fondateur. Il en résulte *a contrario* que la pluralité des croyances ne peut être que destructrice et c'est à propos des guerres civiles que Hobbes écrit :

> Celles-ci, naissant très fréquemment de la diversité [*diversitas*] des doctrines et de l'émulation [*concertatio*] des esprits, il faut certainement réprimer par un châtiment ceux qui, dans leurs harangues ou dans leurs livres, enseignent le contraire de ce que les lois des princes et des républiques interdisent d'enseigner[3].

Cette fois, l'historien de la philosophie doit sans doute s'incliner en admirant la beauté d'une construction dont les lignes fermes et puissantes se recoupent où il convient. Mais

---

1. *Léviathan*, chap. 31, *op. cit.*, p. 390.

2. *Léviathan*, chap. 39, *op. cit.*, p. 493 : « Par conséquent, une église [...] ne diffère en rien d'une république civile composée de chrétiens ; on l'appelle *état civil*, en considération de ce que ses sujets sont des *hommes*, et *église* en considération de ce que ce sont des *chrétiens* ». Aussi bien, le terme d'« érastianisme » peut être mis en cause car Hobbes, au fond, « vise la dissolution pure et simple de l'Église comme corps politique », ainsi que le fait remarquer Nicolas Dubos dans sa thèse, *Le problème de l'histoire. Histoire profane et histoire sacrée dans l'œuvre de Thomas Hobbes*, soutenue à Bordeaux en décembre 2010, t. II, p. 358.

3. *Léviathan*, appendice II, *op. cit.*, p. 757.

l'historien des religions n'aura guère de mal à avancer un contre-argument bien plus redoutable et fera grief à Hobbes d'un contresens anthropologique : comment donc soutenir qu'une croyance religieuse pourrait *ne pas* s'institutionnaliser et demeurer enclose *in foro interno* ? A-t-on jamais vu quelqu'un croire tout seul ? A-t-on jamais sérieusement nié qu'une religion soit *par définition* collective et ne puisse être qu'en se matérialisant dans des institutions spécifiques ? Aussi bien, il serait facile de montrer que partout où la loi a interdit la pratique d'une (ou même de toute) religion, de trois choses l'une : ou celle-ci a subsisté dans l'exil ; ou elle a perduré en perpétuant clandestinement ses rites constitutifs et elle a reparu au grand jour dès que cela lui a été possible ; ou enfin elle a effectivement disparu. Mais nulle part, elle n'a subsisté dans on ne sait quelle intériorité insulaire et mystérieuse. C'est bien pourquoi la solution par l'État n'a pu conduire à terme qu'à un échec.

LA TOLÉRANCE JUSTIFIÉE PAR LES EFFETS

C'est bien pourquoi aussi la tolérance l'emporta. Mais si elle fut le plus efficace des remèdes aux guerres civiles, elle fut aussi le plus impensable, c'est-à-dire le plus difficilement pensable. La raison s'en trouve dans le bouleversement qu'elle induisait au cœur même du concept de *paix*.

Pour appréhender correctement ce point décisif, il faut revenir un instant aux deux solutions antérieures et percevoir en quoi elles procèdent finalement d'une prémisse identique – à savoir que la paix requiert l'unité de croyance au sens où les sujets doivent, au moins extérieurement, adhérer au même credo, la diversité et la concurrence se présentant alors comme des obstacles. Or ce présupposé commun renvoyait lui-même à une longue tradition dont l'on aurait envie de dire, si l'on ne craignait la grandiloquence, qu'elle était à la source du projet philosophique « occidental » lui-même. En effet, affirmer que la diversité des opinions ne peut s'entendre que comme un conflit et qu'il fallait donc dépasser celles-ci pour rendre possible la paix, laquelle ne se trouve que dans la vérité car celle-ci est par définition une, c'était sans doute là une thèse essentielle des Anciens. Il leur arriva d'ailleurs d'imputer la philosophie même non à l'étonnement, mais à l'épreuve du désaccord :

> Vois-le bien : le commencement de la philosophie, c'est le sentiment du conflit des hommes entre eux ; on cherche d'où vient le conflit ; l'on juge avec méfiance la pure et simple opinion ; l'on examine si cette opinion est juste et l'on découvre une règle comme on a découvert la balance pour les poids et le cordeau pour les lignes droites ou courbes. Voilà le début de la philosophie [1].

Sans doute, cette triade décisive vérité/unité/paix semble se trouver mise en cause par Hobbes qui écarte le premier terme : de son point de vue, la paix domestique exige assurément l'uniformité de culte, mais celle-ci trouve sa légitimité dans la décision souveraine et non dans la vérité. Il n'est donc pas nécessaire de connaître la vraie religion pour s'accorder, il suffit d'obéir au prince qui fait son devoir en nous ordonnant d'en adopter une seule, dont il lui appartient de décider arbi-trairement. Toutefois, Hobbes se montrait « encore plato-nicien » pour autant qu'il persistait à suspendre inertialement la concorde civile à l'unité. Son cynisme apparent recouvrait

---

1. Épictète, *Entretiens*, II, 11, (13), trad. É. Bréhier, in *Les Stoïciens*, Paris, Gallimard, 1962.

ainsi une certaine naïveté. Et finalement un contresens en cachait un autre, plus fondamental encore : d'un côté, il commettait l'erreur de vouloir disjoindre le culte de l'adhésion intérieure, mais de l'autre, il ne parvenait pas à disjoindre la paix de l'accord. Chez lui subsistait ainsi la vieille conviction que les hommes ne peuvent être concitoyens que s'ils professent la même croyance.

La tolérance se pensa en son sens le plus fort lorsqu'on renversa littéralement cette prémisse. C'est-à-dire lorsqu'on affirma au contraire que la paix avait pour condition *le renoncement durable à l'uniformité des croyances*. C'est ce retournement que l'on observe avec la plus grande clarté chez Bayle, au lendemain de la révocation de l'édit de Nantes :

> Il n'y pas dit-on de plus dangereuse peste dans un État que la multiplicité des religions, parce que cela met en dissension les voisins avec les voisins, les pères avec les enfants, les maris avec les femmes, le prince avec ses sujets. Je réponds que bien loin que cela fasse contre moi, c'est une très forte preuve pour la tolérance ; car si la multiplicité des religions nuit à un État, c'est uniquement parce que l'une ne veut pas tolérer l'autre, mais l'engloutir par la voie des persécutions. *Hinc prima mali labes*, c'est là l'origine du mal. Si chacun avait la tolérance que je soutiens, il y aurait la même concorde dans un État divisé en dix religions que dans une ville où les diverses espèces d'artisans s'entresupportent mutuellement. Tout ce qu'il pourrait y avoir, ce serait une honnête émulation à qui plus se signalerait en piété, en bonnes mœurs, en sciences ; chacune se piquerait de prouver qu'elle est la plus amie de Dieu, en témoignant un plus fort attachement à la pratique des bonnes œuvres ; elles se piqueraient même de plus d'affection pour la patrie, si le souverain les protégeait toutes, et les tenait en équilibre par son équité. Or il est manifeste qu'une si belle émulation serait cause d'une

infinité de biens; et par conséquent la tolérance est la chose du monde la plus propre à ramener le siècle d'or, et à faire un concert et une harmonie de plusieurs voix et instruments de différents tons et notes, aussi agréable pour le moins que l'uniformité d'une seule voix. Qu'est-ce donc qui empêche ce beau concert de voix et de tons si différents l'un de l'autre? C'est que l'une des deux religions veut exercer une tyrannie cruelle sur les esprits, et forcer les autres à lui sacrifier leur conscience; c'est que les rois fomentent cette injuste partialité, et livrent le bras séculier aux désirs furieux et tumultueux d'une populace de moines et de clercs : en un mot, tout le désordre vient non pas de la tolérance, mais de la non-tolérance [1].

La dissension et la concorde, la diversité et l'uniformité, l'émulation et la tyrannie, la tolérance et la non-tolérance : tout y est, mais à l'envers. C'est maintenant le désir d'uniformité qui engendre la guerre, et la reconnaissance de la multiplicité qui fonde l'ordre. Concevoir comment au juste la paix peut résulter de la tolérance n'est pas chose facile, comme en témoigne la prolifération de modèles au demeurant peu compatibles entre eux : la concurrence, le concert et l'équilibre. Rivaliser en piété et en patriotisme, harmoniser des voix, contraindre des forces à se neutraliser, ce n'est certes pas la même chose et cela montre que prendre à contrepied un principe aussi vénérable n'allait nullement de soi. Mais l'essentiel est désormais acquis et historiquement, cette transformation profonde de l'idée que l'on pouvait se faire de la paix civile participa sans doute d'un processus plus ample. En ce qui concerne les rapports entre les nations, c'est à la même

1. *Commentaire sur ces paroles de Jésus-Christ « Contrains-les d'entrer »* (1686), part. II, chap. 6, Paris, Presses-Pocket, 1992, p. 256-257.

époque en effet que l'on congédie le spectre de la monarchie universelle et que l'on invoque la nécessité d'un autre équilibre : « Ce n'est plus de l'unité qu'on fait naître la paix, c'est de la non-unité, c'est de la pluralité maintenue comme pluralité » [1].

Locke le répétera lapidairement trois ans plus tard :

> Ce n'est pas de la diversité [*diversitas*] des opinions, qui ne peut être évitée, mais du refus de la tolérance qui aurait pu être accordée à ceux qui soutiennent des opinions diverses, que sont nées et que se sont produites la plupart des luttes et des guerres de religion dans le monde chrétien [...] [2].

Il faut bien prendre ici la mesure de l'argument. En premier lieu, il ne signifie pas seulement qu'il n'est pas nécessaire d'être d'accord pour vivre en paix, mais qu'il est nécessaire d'y renoncer *définitivement* – si du moins, évidemment, l'on ne se contente pas d'une tolérance provisoire, en attente de mieux [3]. En second lieu, il ne signifie pas seulement qu'il est nécessaire, pour vivre en paix, de renoncer définitivement à se mettre d'accord, mais qu'il est nécessaire de renoncer à se mettre d'accord *sur l'essentiel* – sur ce qui nous importe le plus, en l'occurrence notre salut, et qui peut le plus peut le moins :

> Si la politesse et la discrétion nécessaires pour le repos de la société demandent que les hommes se tolèrent mutuellement dans la variété d'opinions où ils se trouvent *pour les choses*

1. M. Foucault, *Sécurité, territoire et population*, *op. cit.*, p. 308.

2. *Lettre sur la tolérance* (1689), trad. fr. R. Polin, Paris, P.U.F., 1995, p. 95.

3. Voir les distinctions exposées par A. Jouanna dans *La France du XVIᵉ siècle 1483-1598*, Paris, P.U.F., 1996, p. 355.

les plus importantes de la vie humaine, à plus forte raison doivent-ils se tolérer sans peine dans la variété d'opinions sur ce qui importe très peu à la sûreté du genre humain [1].

A la différence de ce qui avait pu se produire dans l'Empire romain, on ne tolère donc pas avec dédain les erreurs des mécréants, faute de pouvoir faire autrement [2]; on reconnaît une fois pour toutes à chacun le droit inaliénable de déterminer en son âme et conscience, et à ses risques, les moyens de son salut. Et c'est la reconnaissance de ce droit qui doit stabiliser le corps politique.

LA TOLÉRANCE JUSTIFIÉE PAR LES PRINCIPES

Bien entendu, ce n'était pas seulement un bouleversement du concept. C'était aussi un défi considérable pour autant qu'il fallait *institutionnaliser* le désaccord et, par exemple, partager l'espace public lors des jours unilatéralement fériés ou répartir les charges dans les conseils municipaux [3]. De telles difficultés devaient apparaître plutôt comme des foyers inépuisables de litiges que comme les indices d'un retour à la paix. Aussi bien, la justification pragmatique par les effets ne suffisait pas et tous les arguments furent les bienvenus. Ainsi, le même Locke s'employa-t-il méthodiquement à fonder la tolérance sur trois plans distincts : anthropologique, politique, théologique.

1. Lettre de Fénelon à Houdar de la Motte, 4 mai 1714, dans *Lettres sur Homère et sur les Anciens*, voir M. Fumaroli, *La querelle des Anciens et des Modernes*, Paris, Gallimard, 2001, p. 486; je souligne.

2. P. Veyne, *Quand notre monde est devenu chrétien (312-394)*, Paris, Albin Michel, 2007, p. 169-170; voir aussi p. 214.

3. Voir l'ouvrage d'Olivier Cristin cité *supra*, p. 24, note 1.

1) Anthropologiquement, l'*Essai philosophique sur l'entendement humain* procède au couplage audacieux de deux thèse tendanciellement contradictoires :

> Dès lors qu'il est, par conséquent, inévitable à la plus grande partie des hommes, sinon à tous, d'avoir diverses opinions sans preuves certaines et indubitables de leurs vérités ; [dès lors qu']en outre on est fortement porté à imputer ignorance, légèreté ou folie à ceux qui abandonnent ou renoncent à leurs convictions antérieures parce qu'on leur présente maintenant un argument auquel ils ne peuvent immédiatement répliquer pour en montrer l'insuffisance : [dès lors qu'il en est ainsi], il serait, je pense, convenable aux hommes de maintenir la *paix* et les devoirs communs de l'humanité, *et l'amitié, dans la diversité* [*diversity*] *des opinions*, puisque nous ne pouvons raisonnablement attendre que quiconque soit tenu d'abandonner dans l'instant avec servilité sa propre opinion et d'embrasser les nôtres par une résignation aveugle à l'autorité – que l'entendement de l'homme ne reconnaît pas [1].

La première thèse renvoie à cette forme de finitude qu'atteste l'impossibilité de retenir la démonstration en même temps que le théorème. C'est la mémoire qui fait défaut et il n'existe ici nul Dieu *vérace* qui suppléerait à ses carences. Il nous faut donc, à nous autres hommes, accorder notre assentiment à des propositions dont nous ne sommes plus en mesure de rendre raison – sans quoi il nous faudrait renoncer à toute espèce de certitude et succomber au pyrrhonisme. En poursuivant dans cette direction, nous arriverions à soutenir qu'il existe une irréductibilité du préjugé à laquelle il faut bien se résigner et nous retrouverions Burke.

---

1. Locke, *Essai sur l'entendement humain* (1690), IV, 16, § 4 (je traduis).

La seconde thèse affirme que l'autorité ne fait pas argument et qu'il ne saurait donc être question de céder à la contradiction d'autrui pour la seule raison que nous ne savons pas quoi lui répondre sur le moment. Pourquoi cela ? Parce que ce serait renoncer à ce que Dieu nous a donné de plus précieux, à notre humanité rationnelle. En poursuivant dans cette direction, nous en arriverions à proclamer qu'il appartient à chacun, et à lui seul, d'oser se servir de son propre entendement et Kant, après d'autres, le proclamera dans des lignes devenues trop célèbres pour ne pas donner paradoxalement raison à Burke : la négation du préjugé se transformera elle-même en un préjugé – « pense par toi-même ! » – qui armera les puissances européennes d'une confiance en elles particulièrement redoutable.

La troisième thèse résulte des deux précédentes : puisque nous ne pouvons nous accorder ni par la raison ni par l'autorité, il ne nous reste plus qu'à renoncer à nous accorder – sans pour autant nous entretuer. Et c'est ainsi que la paix se trouve explicitement suspendue à la « diversité des opinions ». C'est donc bien parce que nous ne devons jamais nous incliner devant le diktat d'autrui *et* parce que nous ne pouvons pas nous montrer toujours rationnels que nous nous voyons contraints de cohabiter dans le désaccord : heureuse insuffisance qui interdit tout unanimisme.

2) Politiquement, l'argumentation de Locke est plus connue et se trouve exposée l'année précédente dans la première *Lettre sur la tolérance*. Elle repose sur la différenciation méthodique de l'État et de l'Église – ou plutôt des églises. Les deux institutions, en effet, s'opposent terme à terme, par leurs origines, leurs finalités et leurs modes de

contrainte, de telle sorte qu'elles apparaissent finalement comme les images spéculaires l'une de l'autre[1]. L'État, jouissant de l'autorité que lui a confiée (*trust*) la société fondée par contrat, a pour fin la protection de la propriété, par où il faut entendre la personne et les biens; or la fin justifie les moyens, à savoir en l'occurrence la loi et la force destinée à garantir le respect de celle-ci. Mais elle *ne* justifie par hypothèse *que* les moyens qui conduisent à cette fin et le gouvernement se voit donc interdire a priori toute autre espèce de contrainte en même temps que toute autre fin : il ne pourra pas tenter légitimement de convertir les citoyens à une religion dont il aurait décidé lui-même. Enfin, il faut noter que ceux-ci ne peuvent pas se soustraire quand ils le veulent à la république – tels les rats dans un naufrage[2]. *A contrario*, l'église, si elle peut se caractériser comme une association volontaire dont le principe n'est pas clairement différencié de l'accord contractuel fondant le corps social, doit permettre à chacun de viser son salut en adorant publiquement Dieu de la manière qui lui semble adéquate : l'on voit qu'ici la croyance intérieure ne peut être disjointe du culte qui lui donne corps. Cette fin autorise à son tour les moyens correspondants, *id est* l'exhortation et, le cas échéant, l'excommunication. Mais elle n'en autorise aucun autre et elle se voit donc interdire tout usage de la force, en même temps qu'elle ne peut jamais porter atteinte à la personne physique et aux biens de ceux qu'elle jugerait hérétiques. Au demeurant, chacun doit pouvoir unilatéralement abandonner une confession dont il considérerait que,

---

1. Locke, *Lettre sur la tolérance*, *op. cit.*, p. 11-23.
2. Locke, *Second traité du gouvernement civil*, § 121.

tout bien réfléchi, elle le conduirait moins bien qu'une autre à la vie éternelle.

Si la violence de l'Église ou de l'État est irrecevable en matière de croyance, c'est donc pour des raisons de droit. Mais celles-ci renvoient à leur tour à une raison de fait dont Hobbes faisait déjà état, et que Locke va retourner en sa faveur : « personne ne peut, quand même il le voudrait, croire sur l'ordre d'autrui » et « c'est dans la foi que consiste la force et l'efficace de la religion vraie et qui assure le salut ». La vérité objective de la religion n'est sans doute pas indifférente, mais il faut qu'elle soit perçue comme telle pour assurer la vie éternelle et c'est là retrouver l'*Épître aux Romains* : « tout ce qui ne procède pas de la bonne foi est péché » (XIV, 23)[1]. Cette impossibilité de contraindre à la foi, loin de justifier l'obligation faite au particulier d'obéir inconditionnellement au souverain, cautionne désormais l'interdiction faite au souverain de contraindre le particulier en matière de croyance. Ainsi reprenons-nous pied sur un rivage plus familier.

État et Église se présentent donc comme deux institutions, pour ainsi dire, hétérogènes et c'est précisément cela qui, aux yeux de Locke, doit écarter les innombrables conflits qui résultent de ce que chaque instance empiète sans cesse sur la sphère de l'autre. Au fond, il suffit de les démarquer avec soin pour que chacune d'entre elles sache à quoi s'en tenir, c'est-à-dire s'en tienne à ce qui fait sa raison d'être. La grande solution consiste ainsi à tracer une limite qui soit « fixe et immobile »[2]. Mais qui dit limite dit bien sûr litiges potentiels. Parmi ceux-ci, se rencontrent certaines options religieuses qui

---

1. Locke, *Lettre sur la tolérance*, *op. cit.*, p. 13 et 47. Voir *infra*, chap. IV, p. 137.

2. *Ibid.*, p. 31.

ne peuvent pas être tolérées parce qu'elles contredisent la fin de la république, c'est-à-dire la propriété. Et parmi celles-ci se rencontre l'athéisme :

> Quatrièmement enfin, ceux qui nient l'existence d'une puissance divine ne doivent être tolérés en aucune façon. La parole, le contrat, le serment d'un athée ne peuvent former quelque chose de stable et de sacré, et cependant ils forment les liens de toute société humaine ; au point que la croyance en Dieu elle-même supprimée, tout se dissout [1].

Si chacun peut donc adopter le culte qu'il juge le plus approprié en vue de son salut, il lui faut néanmoins impérativement en adopter un. Cela suppose d'abord que le lien civil doit toujours être qualifié religieusement. Et cela suggère surtout que toutes ces croyances, si diverses soient-elles, comportent quelque chose comme un dénominateur commun : on voit mal pourquoi chacun devrait adopter une religion si celles-ci étaient *absolument* différentes. Or l'on voit bien en quoi elles ne le sont pas : toutes supposent un dieu créateur qui jugera chacun le Jour venu – et punira tous ceux qui n'ont pas tenu leurs engagements. Mais on voit alors aussi qu'il s'agit moins de vivre en paix dans la diversité des croyances que de vivre en paix sur la base d'une croyance commune en un Dieu validant les promesses, croyance sur laquelle s'en grefferaient d'autres, à proprement parler, secondaires. Il faudrait en conclure que la tolérance n'est alors pas ce qu'elle semblait et que nous devons bien nous accorder d'avance sur certaines propositions fondamentales pour vivre en paix.

3) Théologiquement, c'est quelques années plus tard (1695), dans *Le christianisme raisonnable*, que Locke

---

1. Locke, *Lettre sur la tolérance*, *op. cit.*, p. 83.

entreprendra de fonder la tolérance par l'exégèse d'un corpus restreint pour l'essentiel aux Évangiles. La ligne argumentative est d'une extrême simplicité et elle nous conduit à croiser Hobbes de nouveau – pour le remettre à nouveau sur ses pieds. En effet, ce qui se trouve réaffirmé, c'est, par la lecture même des textes, que :

> toute la foi qu'il faut avoir pour être justifié devant Dieu se réduit à croire que *Jésus de Nazareth est le Messie* et à recevoir les articles qui dépendent de cette vérité comme sa résurrection, ses préceptes et sa venue pour juger les hommes au dernier jour [1].

Après tout, pour se dire chrétien, il suffit sans doute d'admettre que Jésus était bien le Christ annoncé par les prophètes et ce qui s'en infère de toute nécessité. Mais de cela, on ne saurait conclure à l'obligation pour tout chrétien d'obéir inconditionnellement à tout souverain qui l'est aussi. Il faut en déduire, au contraire, l'obligation de tolérer tout le reste, c'est-à-dire tous les dogmes indifférents au salut :

> Il y a plusieurs vérités dans la Bible qu'un bon Chrétien peut ignorer entièrement et qu'il peut par conséquent ne pas regarder comme l'objet distinct de sa foi : vérités que quelques-uns donnent peut-être pour des doctrines tout à fait essentielles, et qu'ils appellent articles fondamentaux, parce que ce sont des points qui distinguent leurs communions des autres sociétés chrétiennes [2].

---

1. Locke, *Que la religion chrétienne est très raisonnable, telle qu'elle nous est représentée dans l'Écriture sainte*, chap. XV, trad. fr. P. Coste, Oxford, Voltaire Foundation, 1999, p. 168. Voir *supra*, p. 27.

2. *Ibid.*, p. 168.

Bien entendu, on ne peut argumenter ainsi sans rencontrer diverses objections. Celle du philologue d'abord qui pourra arguer de ce que le texte des Épîtres est insuffisamment pris en compte ou encore contester l'interprétation de celui des Évangiles. Celle du partisan de la tolérance lui-même qui pourra considérer qu'il s'agit d'une stratégie contre-productive puisque la démarcation ainsi opérée entre articles fondamentaux et articles secondaires, comme toute frontière peut-être, est elle-même indéfiniment litigieuse : ainsi Bayle refuse-t-il de tracer une limite scripturaire dont l'expérience a montré qu'elle ne pouvait *de facto* donner lieu à aucune espèce de consensus réel[1]. Mais surtout on voit se confirmer ce qui était plus haut seulement suggéré, à savoir le glissement d'un sens fort de la tolérance à un sens faible : en retrait sur l'ambition initiale, ce qui est ici préconisé, c'est sans équivoque la mise en place d'une orthodoxie minimale, dont on dissocie des dogmes qui apparaissent alors comme autant d'options facultatives. Pour vivre en paix, il faut bien ici adhérer au même credo en reléguant les divergences dans l'inessentiel.

LA TOLÉRANCE JUSTIFIANT L'ATHÉISME

Au lendemain de la révocation de l'Édit de Nantes, Bayle aussi livra un plaidoyer remarquable en faveur de la tolérance dans le *Commentaire* déjà cité[2]. Nous n'en retiendrons ici rien, sinon qu'il met en évidence l'ambiguïté politique que couvrait le nouveau mot d'ordre. En effet, là où Locke faisait de l'État un vis-à-vis des églises, disposant les deux institutions de part

1. E. Labrousse, *Pierre Bayle. Hétérodoxie et rigorisme* (1964), Paris, Albin Michel, 1996, p. 538-540.
2. Voir *supra*, p. 33, note 1.

et d'autre d'une ligne stable et infrangible, Bayle le posait comme un arbitre dont la fonction était de contenir les conflits entre églises. De ce point de vue, un pouvoir temporel fort était évidemment requis pour être en mesure de contraindre les rivaux à se respecter. On aurait donc tort de considérer comme incompatibles tolérance et absolutisme : un souverain absolu pouvait au contraire être défini comme la condition de la tolérance civile : « (…) le seul et vrai moyen d'éviter en France les guerres civiles est la puissance absolue du souverain »[1]. Ainsi se dessine une ligne de clivage entre deux mises en œuvre de la tolérance qui sépare jusqu'à aujourd'hui notre tradition dite « républicaine » de celle qui s'observe en terres anglo-saxonnes ; d'où les malentendus récurrents qui nous font juger comme d'une indulgence excessive des pratiques au regard desquelles nous apparaissons à rebours comme excessivement autoritaires – l'« affaire du voile » hier, celle de la burka aujourd'hui en sont sans doute de bons exemples.

Ce n'est pas cela toutefois qui nous retiendra ici, mais bien plutôt les *conséquences* que Bayle, avec un implacable esprit de suite, sut tirer de la nouvelle solution au problème des guerres civiles. Il les présenta sous la forme de deux célèbres paradoxes complémentaires que le siècle suivant reçut comme des apories et qui le hantèrent : aucun penseur d'envergure ne put s'y dérober, tous durent y répondre – et pourtant il est juste aussi de dire que tous l'esquivèrent.

Si vraiment la tolérance doit l'emporter, et si elle doit l'emporter au sens fort, c'est-à-dire si, pour pouvoir mettre fin aux conflits, nous devons renoncer à toute foi commune, alors

---

1. Cité par E. Labrousse, . *Hétérodoxie et rigorisme, op. cit.*, p. 487. En cela, Bayle retrouvait bien sûr la logique qui avait conduit à l'Édit de Nantes (voir A. Jouanna, *La Saint-Barthélemy, op. cit.*, p. 298).

il faut dissocier radicalement la religion du lien civil. Or cela revient à rien moins qu'à affirmer *l'indifférence* de la première au regard du second : nous ne cohabitons pas pacifiquement ensemble parce que nous adhérons aux mêmes dogmes. Mais cette affirmation contraint à son tour à demander : primo, est-il effectivement possible de désolidariser la religion de ce qui nous permet d'entretenir des rapports à peu près supportables ? Secundo, à supposer qu'il en aille ainsi, à quoi donc faut-il accorder le privilège qui était jusqu'alors celui de la foi ?

Il faut prendre la mesure de la première difficulté : disjoindre la religion de ce qui nous permet de vivre ensemble, en effet, ce n'était pas seulement prendre à contrepied résolu les adversaires de la tolérance – en 1562, un nommé des Granges déclarait significativement qu'il fallait « respecter la religion romaine sur tout, car il n'y a rien qui lie mieux le peuple en concorde et en amitié que la religion »[1]. C'était encore contredire les partisans même de la tolérance qui, tel Locke lui-même, en excluant les athées, persistaient à présupposer qu'une religion, n'importe laquelle pour autant qu'elle admettait un Dieu validant les promesses, demeurait une condition nécessaire, sinon suffisante, à la sociabilité. Mais ce n'était pas seulement les contredire en affirmant que l'on pouvait tolérer les athées : c'était, par la seule force interne de l'hypothèse, concevoir qu'une société composée *exclusivement* d'athées était possible. Et c'était enfin, du même coup, achever de situer la question religieuse sur le terrain de sa seule *utilité* : de la foi, il ne pouvait plus guère alors s'agir de savoir comment elle advient à l'homme, ni si elle peut être fausse,

---

1. Cité par O. Cristin, *La paix de religion, op. cit.*, p. 59.

mais plutôt en quoi elle est efficace pour tenir ensemble les citoyens – si tant est qu'elle le soit.

Bayle entreprend précisément d'établir qu'efficace, la religion ne l'est pas du tout et il y parvient par deux voies complémentaires. On peut d'abord démontrer que la religion ne change rien en s'appuyant sur le fait que les chrétiens font de redoutables soldats – ou vaudrait-il mieux dire d'épouvantables soudards[1]? Machiavel avait soutenu, sans doute un peu vite et en songeant à l'héroïsme des Anciens, que les valeurs chrétiennes – l'humilité, la mortification, le mépris des choses humaines – sapaient le courage militaire et avaient donné le monde «en proie aux scélérats»[2]. Mais on lui avait, plus imprudemment encore, objecté l'expérience : n'atteste-t-elle pas, comme les croisades en témoignent avec une sanglante éloquence, que le chrétien se montre fort belliqueux quand son devoir le lui enjoint? Or l'argument est inepte. Non pas que le fait lui-même soit en cause et l'expérience ne montre que trop comment les croisés ont su faire tout le mal qu'ils pouvaient à l'ennemi, « le prévenir, le surprendre, le passer au fil de l'épée, brûler ses magasins, l'affamer, le saccager »[3]. Mais l'interprétation du fait est fallacieuse : il ne signifie pas que les chrétiens sont belliqueux en tant que chrétiens; il signifie que les chrétiens ne se comportent pas en chrétiens. En effet, et Machiavel avait à cet égard raison, il est incontestable que «l'esprit de

1. Bayle, *Pensées diverses sur la comète* (1682), § 141, Paris, STFM, 1994, t. II, p. 21-24.

2. *Discours sur la première décade de Tite-Live* (rédigé vers 1513), II, 2, trad. fr. A. Fontana et X. Tabet, Paris, Gallimard, 2004, p. 265.

3. Bayle, *Pensées diverses sur la comète*, § 141, p. 23.

notre sainte religion ne nous rend pas belliqueux »[1], et si elle nous inspire un courage, c'est celui du martyre.

Toutefois, le constat de ce que les croisés ne se comportent pas en chrétiens est lui-même à son tour équivoque. Car il peut signifier simplement que les croisés n'étaient chrétiens que de bouche : dans ce cas, il faut dire qu'au fond, ils ne croyaient pas réellement aux dogmes qu'ils professaient extérieurement et qu'ils agissaient en fonction des principes inavouables mais bien réels auxquels ils adhéraient intérieurement. Mais le même constat peut signifier aussi, et cela est au fond beaucoup plus inquiétant, que les croisés n'agissaient pas en fonction des principes auxquels pourtant ils croyaient effectivement. Cela est beaucoup plus menaçant car il faut alors admettre qu'en règle générale, les hommes *n'agissent pas en fonction de leurs convictions*; pour paraphraser ce que Nietzsche écrira plus tard du prêtre, cela creuse entre l'homme et l'homme un abîme que l'on ne voit plus guère comment franchir[2].

Or l'énigme de ce gouffre engendre à son tour une dernière équivoque. Car c'est une question toujours irrésolue que de savoir si, pour le surmonter, il faut s'en remettre, comme Bayle l'avance expressément, à « la grâce du Saint-Esprit » sans laquelle la connaissance de Dieu est impuissante à contenir les passions humaines[3] ou, pour revenir à Nietzsche, à un « Achille de la libre pensée ». Autrement dit, faut-il comprendre que l'homme est à ce point corrompu qu'il ne peut agir comme il sait le devoir sans le secours divin, ou que la religion n'est que vent et poussière dont il faut bien se débarrasser pour

---

1. Bayle, *Pensées diverses sur la comète*, *op. cit.*, § 141, p. 24.

2. Nietzsche, *Généalogie de la morale* (1887), I, 6.

3. Bayle, *Pensées diverses sur la comète* (1682), § 131, *op. cit.*, t. I, p. 341.

voir enfin l'homme comme il est, à savoir un être qui se gouverne par tout autre chose, et qui ne s'en gouverne pas plus mal ?

Bayle fidéiste dénonçant l'impuissance du fils d'Adam abandonné à son triste héritage, ou libertin subtil détruisant pièce à pièce la superstition chrétienne ? Il y a sans doute là de quoi préoccuper les exégètes. Mais ce qui est de toute façon acquis, c'est que les croyances chrétiennes sont sans effet sur le chrétien, non parce qu'il serait un simple Tartuffe, mais parce que les croyances en général n'induisent pas ses comportements. Et s'il en va ainsi, on comprend bien que l'on puisse refaire le même chemin en sens inverse et concevoir une société d'athées. Celle-ci peut être une simple expérience de pensée ou, comme Bayle le prétend dans les années 1700, ce qu'attestent certaines peuplades effectivement observables, par exemple au Canada [1]. De toute façon, les récits de voyage ne font que confirmer ce qui se déduisait abstraitement en 1682 du caractère inefficace de la croyance :

> On voit à cette heure combien il est apparent qu'une société d'athées pratiquerait les actions civiles et morales aussi bien que les pratiquent les autres sociétés, pourvu qu'elle fît sévèrement punir les crimes, et qu'elle attachât de l'honneur et de l'infamie à certaines choses. Comme l'ignorance d'un premier Être créateur et conservateur du monde n'empêcherait pas les membres de cette société d'être sensibles à la gloire et au mépris, à la récompense et à la peine, et à toutes les passions qui se voient dans les autres hommes, et n'étoufferait pas toutes les lumières de la raison – on verrait parmi eux des gens qui auraient de la bonne foi dans le

---

1. Bayle, *Pensées sur l'athéisme*, anthologie de J. Boch, Paris, Desjonquères, 2004, p. 133.

commerce, qui assisteraient les pauvres, qui s'opposeraient à l'injustice, qui seraient fidèles à leurs amis, qui mépriseraient les injures, qui renonceraient aux voluptés du corps, qui ne feraient tort à personne, soit parce que le désir d'être loués les pousserait à toutes ces belles actions qui ne sauraient manquer d'avoir l'approbation publique, soit parce que le dessein de se ménager des amis et des protecteurs en cas de besoin les y porterait. Les femmes s'y piqueraient de pudicité parce qu'infailliblement cela leur acquerrait l'amour et l'estime des hommes. Il s'y ferait des crimes de toutes les espèces, je n'en doute point ; mais il ne s'y en ferait pas plus que dans les sociétés idolâtres parce que tout ce qui a fait agir les païens, soit pour le bien, soit pour le mal, se trouverait dans une société d'athées, savoir les peines et les récompenses, la gloire et l'ignominie, le tempérament et l'éducation. Car pour cette grâce sanctifiante qui nous remplit de l'amour de Dieu et qui nous fait triompher de nos mauvaises habitudes, les païens en sont aussi dépourvus que les athées [1].

Dans ce sens comme dans l'autre, il faut donc toujours en revenir à ceci que la présence ou l'absence de la religion *ne change rien* au comportement des hommes : une société d'athées serait tout à fait vivable, ni plus ni moins que les nôtres, parce que les motifs y seraient exactement les mêmes. A savoir : la crainte de la loi – qui requiert un pouvoir fort –, le souci de l'estime publique – sur laquelle nous aurons l'occasion de revenir [2] – et les lumières de la raison – lesquelles, en certains cas peu fréquents, peuvent conduire certains à observer toutes les règles de la morale sans qu'aucune connaissance de Dieu leur soit nécessaire : ce sont ces fameux athées

---

1. Bayle, *Pensées diverses...*, § 172, t. II, p. 103-104.
2. Voir *infra*, chap. IV, p. 109-113.

vertueux dont Spinoza fournit un remarquable exemple que Kant encore, plus d'un siècle après, déclarera insuffisant[1]. Bref, en lieu et place d'une religion qui ne contraint en rien les hommes sans le secours d'une grâce sanctifiante trop aléatoire, c'est une triple régulation qui ordonne le corps social et qui assure la bonne foi des commerçants ou la pudeur des femmes : par le droit (pénal), par les mœurs, par la raison. Non seulement nous n'avons pas besoin d'autre chose pour vivre ensemble, mais si nous vivons d'ores et déjà ensemble comme nous le faisons, c'est du fait de ces trois contraintes et de nulle autre.

Bayle ne se borne donc pas à trancher la première des deux difficultés induites par la tolérance en montrant qu'en effet, on peut disjoindre jusqu'au bout la religion d'avec le lien civil. Il tranche également la seconde en affirmant que l'efficace usuellement accordée à la religion doit être en réalité imputée à d'autres instances, qui n'impliquent aucune espèce de credo. Sa réponse est d'ailleurs parfaitement cohérente : si les principes demeurent sans effet sur la plupart des hommes, alors ce n'est pas une croyance profane qui peut se substituer à la religion, c'est autre chose qu'une croyance, essentiellement la peur du gendarme et de l'opprobre.

Le chapitre suivant montrera qu'aucun penseur des Lumières ne pourra se dispenser de répondre à Bayle et de se demander si, vraiment, une société d'athées est possible. Mais il est juste aussi de dire que les mêmes qui, inlassablement, ressasseront cette aporie, en esquiveront le cœur car ils postuleront toujours que les principes déterminent les actes. Se dérobant à ce qui fait la noirceur caractéristique de

---

1. Kant, *Critique de la faculté de juger* (1790), § 87.

l'argumentaire de Bayle, ils occulteront le clivage drastique que celui-ci avait introduit au cœur de l'homme. Et que le citoyen, pour se comporter civilement, ait besoin d'une croyance religieuse ou qu'il puisse se satisfaire d'une morale strictement laïque, il se comportera toujours encore en fonction de ce qu'il croit.

Il faut dire aussi qu'en contestant la nécessité sociale de toute doctrine commune, religieuse ou non, Bayle s'exposait à jeter le bébé avec l'eau du bain : cela revenait en effet à nier la réflexivité inhérente à tout « lien civil » – ou à ce que l'on nommera plus tard les « rapports sociaux ». Car le problème est aussi de savoir si les hommes peuvent vivre ensemble *sans se faire une idée de ce qui les fait, bien ou mal, vivre ensemble.* En développant jusqu'au bout les virtualités du concept de tolérance, on en arrivait ainsi à répondre par l'affirmative et à concevoir une société dépourvue non seulement de religion, mais de toute image d'elle-même. Or cela semble bien peu soutenable : comment donc les hommes pourraient-ils s'ordonner sans réfléchir la légitimité de cet ordre, que cette réflexion soit religieuse ou non, illusoire ou non, conflictuelle ou non ? Ce serait une communauté *d'athées absolus* : Bayle, au fond la jugea possible, et ce fut son impasse.

CHAPITRE II

LE PARADOXE DU PARADOXE

Paradoxe : nous ne pouvons vivre en paix qu'en acceptant, une fois pour toutes, de renoncer à être d'accord sur l'essentiel.

Paradoxe du paradoxe : ce que nous abandonnons au désaccord devient *ipso facto* inessentiel.

Tel est le retournement qui conduisit de la tolérance au sens fort à la tolérance au sens faible, ou si l'on préfère, qui transforma les convictions attachées au salut en vulgaires opinions religieuses. Et de ces opinions inconsistantes qui papillonnent dans les cerveaux grossiers de la populace à de franches superstitions dont les prêtres font présent aux despotes pour justifier leurs iniquités, il n'y avait sans doute qu'un pas, vite franchi par les Lumières qui trouvèrent là l'ennemi par excellence dont elles avaient besoin : c'est Kant lui-même, en Prusse, qui affirme que la superstition est « le plus grand de tous les préjugés » parce qu'elle conçoit la nature comme essentiellement réfractaire aux lois que lui donne l'entendement et il en conclut très logiquement que l'*Aufklärung*, c'est « la libération de la superstition »[1].

TOLÉRANCE CIVILE, TOLÉRANCE ECCLÉSIASTIQUE

Fénelon, dans le texte cité plus haut (p. 34), en fournissait déjà l'indice en évoquant « la variété *d'opinions* » où se trouvent les hommes dans les choses qui leur importent le plus. Mais dès 1691, son vieil ennemi, Bossuet, avec le mélange de lucidité et d'aveuglement qu'il faut souvent reconnaître aux grands réactionnaires, avait pronostiqué cette dévaluation inexorable en l'interprétant bien sûr comme l'inavouable *programme* d'un libertinage aussi retors qu'obstiné :

> Ainsi la tolérance civile, c'est-à-dire l'impunité accordée par le Magistrat à toutes les sectes, dans l'esprit de ceux qui la soutiennent, est liée nécessairement avec la tolérance ecclésiastique ; et il ne faut pas regarder ces deux sortes de tolérance comme opposées l'une à l'autre, mais la première comme le prétexte dont l'autre se couvre. Si on se déclarait ouvertement pour la tolérance ecclésiastique, c'est-à-dire qu'on reconnut tous les hérétiques pour vrais membres et vrais enfants de l'Église, on marquerait trop évidemment l'indifférence des religions. On fit donc semblant de se renfermer dans la tolérance civile. [...] leur dessein véritable est de cacher l'indifférence des religions sous l'apparence miséricordieuse de la tolérance civile[2].

---

1. Dans le § 40 de la troisième *Critique*.
2. Bossuet, *Avertissement aux Protestants sur les lettres du ministre Jurieu contre l'Histoire des variations*, 1691, VIe avertissement, part. III, § 11, *Œuvres*, Liège, Les Libraires associés, 1766, t. V, p. 469.

Si ce n'est Dieu qui veut la tolérance civile, il faut bien que ce soit le Diable. Et celui-ci s'avance, comme il se doit, masqué. Un an plus tôt, Bayle disait de la tolérance civile (ou politique, ou extérieure, selon les terminologies adoptées) qu'elle n'était « que l'exemption des lois pénales »[1], formule restrictive qui suggérait bien qu'on ne réclamait que cela – et non l'autre tolérance, l'ecclésiastique (ou l'intérieure) qui signifie l'approbation tacite des errances d'autrui, son abandon au faux et l'abdication de toute charité. Au demeurant, elle avait pu être défendue au siècle précédent par les catholiques eux-mêmes puisque, du côté du sujet, elle signifiait encore que « l'adhésion à une foi différente de celle du prince n'altère en rien le respect dû à son égard »[2]. Bossuet y voit un redoutable complot, le coin sournois qu'on enfonce dans le camp de l'adversaire pour y introduire ensuite, sans y paraître, le formidable outil de sa destruction : reconnaissez à chacun le droit de pratiquer la religion de son choix et vous verrez irrésistiblement s'imposer la conviction que toutes les religions se valent, et qu'elles ne valent donc pas grand-chose. Le seul fait d'ailleurs d'évoquer naïvement comme Fénelon une « variété d'opinions » revient déjà à céder sur l'essentiel car là où il y a opinion, il y a hérétique :

> L'Hérétique est celui qui a une opinion : et c'est ce que le mot même signifie. Qu'est-ce à dire avoir une opinion ? C'est suivre sa propre pensée, et son sentiment particulier. Mais le Catholique est Catholique : c'est-à-dire qu'il est universel, et

---

1. Dans une lettre à Constant du 27 juillet 1690, citée par E. Labrousse, *Pierre Bayle. Hétérodoxie et rigorisme, op. cit.,* p. 540.
2. A. Jouanna, *La Saint-Barthélemy, op. cit.,* p. 216.

sans avoir de sentiment particulier, il suit sans hésiter celui de l'Église [1].

On peut certes ironiser sur ce prétendu stratagème, mais ce serait passer à côté de l'essentiel, à savoir que par l'effet d'un renversement remarquable et irrésistible, ce sur quoi l'on se résignait à demeurer en désaccord, malgré son importance cruciale, devait devenir *par là même* sans importance. Pour le dire autrement : comme par suite d'une véritable fatalité anthropologique, nous semblons condamnés à déclarer indifférent ce dont nous considérons que cela n'est pas impérativement requis pour vivre en paix.

Les choses ont pu se passer autrement en pays réformés. Mais en France au moins, les témoignages ne laissent guère de doute. En 1718, le Dictionnaire de l'Académie française dit de la « tolérance » qu'on en parle en matière de religion « pour signifier la condescendance qu'on a les uns pour les autres touchant certains points *qui ne sont pas essentiels* à la religion » [2]. De là à dire qu'aucune religion n'est essentielle… Diderot, par exemple, ne laisse aucun doute sur le fait que désormais l'erreur, si erreur il y a, est précisément dépourvue d'enjeu réel pour autant que seule importe la paix :

> Si vous criez "c'est moi qui ai la vérité de mon côté", je crierai aussi haut que vous "c'est moi qui ai la vérité de mon côté";

1. Bossuet, *Instruction pastorale sur les promesses de l'Église*, § 29, *Œuvres*, éd. cit., t. VI, p. 138-139. Rousseau écrira encore en 1764 dans la septième des *Lettres écrites de la montagne* : « […] *Opiner*, c'est dire son avis et le motiver […] », dans *Œuvres complètes*, *op. cit.*, t. III, 1964, p. 833.

2. Cité par J. Boulad-Ayoub et M. Grenon, « Luttes autour de la tolérance à la veille de la Révolution française : l'édit de tolérance de 1787 », dans P. Dumouchel et B. Melkevik (dir.), *Tolérance, pluralisme et histoire*, Paris-Québec, L'Harmattan, 1998, p. 31 (je souligne).

mais j'ajouterai : *et qu'importe qui se trompe ou de vous ou de moi*, pourvu que la paix soit entre nous ? Si je suis aveugle, faut-il que vous frappiez un aveugle au visage ? [1].

De même Voltaire qui n'hésite pas à reléguer au rang d'inepties pures et simples les choix en matière de salut :

> Qu'est-ce que la tolérance ? C'est l'apanage de l'humanité. Nous sommes tous pétris de faiblesses et d'erreurs ; pardonnons-nous réciproquement *nos sottises*, c'est la première loi de la nature [2].

La justification de la tolérance se présente alors de manière spéculaire : on prétend qu'il faut tolérer les opinions religieuses parce qu'elles sont du vent – des erreurs, et des erreurs sans conséquence. En réalité, il est permis de penser que c'est bien l'inverse qui s'est produit : elles sont devenues simples « opinions religieuses » *parce qu'*on a résolu de les tolérer. En institutionnalisant leur pluralité, on les a vidées de leur consistance, mais après coup on a argué de leur peu de consistance pour autoriser leur pluralité. C'est la neutralisation politique des croyances qui a dévalué leur contenu et non leur manque objectif d'épaisseur qui a permis cette neutralisation. Ainsi le retournement historique de la tolérance au sens fort en tolérance au sens faible devait-il s'accompagner d'un autre retournement, idéologique, qui présentait le point d'arrivée comme un point de départ. C'est d'ailleurs sans doute ce qui explique que Rabaut Saint-Étienne, le 28 août 1789, à l'Assemblée, ait été conduit à rejeter le mot même de

---

1. Diderot, article « Intolérance » de l'*Encyclopédie*, in *Œuvres complètes*, Paris, Hermann, t. VII, 1976, p. 543 (je souligne).

2. Voltaire, article « Tolérance » du *Dictionnaire philosophique*, Paris, Folio-Gallimard, 1994, p. 492.

tolérance : « Mais, Messieurs, ce n'est pas même la tolérance que je réclame ; c'est la liberté »[1] – comment revendiquer, en effet, le droit de penser des sottises !

Bien entendu, les choses ne se passèrent pas toujours avec cette brutalité. La pente dominante de l'argumentation, plus modérée, niait la thèse de Bossuet, et s'efforçait de maintenir la distinction entre tolérances civile et ecclésiastique. Ainsi Montesquieu, en 1748, déclarait-il prudemment qu'« il y a bien de la différence entre tolérer une religion et l'approuver »[2]. Ainsi d'Alembert, non moins délicatement, en 1759 :

> Il faut donc bien distinguer l'esprit de tolérance, qui consiste à ne persécuter personne, d'avec l'esprit d'indifférence qui regarde toutes les religions comme égales. Plût à Dieu que cette distinction, si essentielle et si juste, fût bien connue de toutes les nations[3].

Mais on voit bien que le contexte a changé car il ne s'agit plus maintenant de revendiquer avec, c'est le cas de le dire, la meilleure foi du monde, comme Fénelon pouvait encore le faire au début du siècle, une tolérance *seulement* civile qui

---

1. Voir la présentation (ouvertement hostile à Rabaut) de la discussion par S. Rials, *La Déclaration des droits de l'homme et du citoyen*, Paris, Hachette, 1988, p. 244-246. Il faut se rappeler que ni la Déclaration de 89 (art. 10), ni celle de 93 (art. 7) n'emploient le terme de « tolérance » ; quant à celle de 1795, elle est muette sur la question. En 1791, Thomas Paine fait clairement écho à Rabaut en écrivant : « La constitution fançaise a renoncé à la *tolérance* et à *l'intolérance aussi*, et a *établi* UNE PLEINE LIBERTÉ DE CONSCIENCE. La tolérance n'est point *l'opposé* de l'intolérance ; elle n'en est que le déguisement. Elles sont toutes deux des despotismes ; l'une s'arroge le droit d'empêcher la liberté de conscience, l'autre de l'accorder », *Les droits de l'homme*, part. I, trad. fr. F. Soulès, Paris, Belin, 1987, p. 116.

2. *De l'esprit des lois*, XXV, 9.

3. *Essai sur les éléments de philosophie*, chap. 9, Paris, Fayard, 1986, p. 78.

n'approuve pas «tout comme indifférent», mais qui souffre «avec patience tout ce que Dieu souffre», en tâchant «de ramener les hommes par une douce persuasion»[1]. Il s'agit bel et bien d'une dénégation car Montesquieu ou d'Alembert se défendent de ce qu'ils savent être vrai, à savoir que, de vérité en matière de foi, il ne peut plus guère être sérieusement question dès lors que l'on accorde à tous la même liberté de culte. Et ce qui les anime n'est certes pas le souci de ramener plus efficacement au vrai Dieu, par l'exhortation charitable, ceux qui s'en sont éloignés au risque de l'enfer – c'est d'en finir avec l'Infâme.

Mais qui fut donc dupe? En tout cas, pas Rousseau qui savait toujours très bien où porter le fer pour radicaliser les polémiques et qui récusa très ouvertement la distinction :

> Ceux qui distinguent l'intolérance civile et l'intolérance théologique se trompent, à mon avis. Ces deux intolérances sont inséparables. Il est impossible de vivre en paix avec des gens qu'on croit damnés; les aimer serait haïr Dieu qui les punit : il faut absolument qu'on les ramène ou qu'on les tourmente. Partout où l'intolérance théologique est admise, il est impossible qu'elle n'ait pas quelque effet civil; et sitôt qu'elle en a, le souverain n'est plus souverain, même au temporel : dès lors les prêtres sont les vrais maîtres; les rois ne sont que leurs officiers[2].

Voici Bossuet retourné comme un gant. Il faut bien rabattre, en effet, l'intolérance ecclésiastique sur la civile : on ne peut tolérer ce qu'on désapprouve, on ne peut abandonner

---

1. *Écrits et lettres politiques*, Genève-Paris, Slatkine, 1981, p. 91.

2. *Du contrat social*, IV, 8, *Œuvres complètes*, Paris, Gallimard, t. III, 1964, p. 469.

la conscience errante à la mort éternelle sans risquer celle-ci à son tour, *le souverain moins que tout autre*, et il lui faut bien alors concéder aux prêtres une autorité qui l'emportera fatalement sur la sienne. Il est donc bien vrai qu'on ne peut pas dissocier l'intérieur de l'extérieur ; mais cela signifie ici qu'on doit approuver pour pouvoir de fait tolérer, qu'on doit se convaincre que les convictions de l'autre le conduiront au salut aussi bien que les nôtres pour pouvoir l'autoriser à leur rendre publiquement hommage. Et la conséquence en est qu'il faut instituer la religion naturelle comme religion *civile*. Car tant que le souverain maintiendra un culte officiel distinct des croyances de certains de ses sujets, et dont il reste persuadé qu'il est le seul à procurer le salut, sa conscience le contraindra tôt ou tard à l'imposer aux récalcitrants.

Qui donc fut dupe ? Pas Diderot non plus, le frère ennemi, qui, une quinzaine d'années plus tard, déclarait lapidairement :

> Aussi n'y a-t-il point de prêtre qui ne dise que la tolérance ou l'indifférence en religion, c'est la même chose sous deux noms différents ; et je crois qu'il n'y a guère de philosophes qui le niassent [1].

C'était bien dire que Bossuet avait somme toute vu juste, que le philosophe devait donner raison au prêtre, mais *pour en tirer la conclusion inverse* : c'est justement parce que la tolérance civile entraîne l'indifférence théologique qu'il faut l'accorder. La tolérance extérieure devient ainsi l'outil reconnu d'un anéantissement prémédité des superstitions. Mais plus dissimulé encore que reconnu puisque Diderot commente ici

---

1. *Réfutation suivie de l'ouvrage d'Helvétius intitulé L'Homme*, dans *Œuvres complètes*, Paris, Hermann, t. XXIV, 2004, p. 749.

Helvétius dans un manuscrit dont la publication sera posthume.

LA RELIGION NATURELLE OU LE COMPROMIS MAJEUR

Initialement donc, on prônait la tolérance juridique dans un contexte lourd d'angoisse personnelle, avec la conviction qu'une erreur serait dramatique parce qu'il y avait *une* vérité dont il incombait à chacun de s'assurer, sans renoncer tout à fait à l'espoir de convaincre par les voies paisibles de l'argumentation la conscience erronée. Vers 1750, en France, sinon dans les institutions du moins dans les esprits éclairés, le triomphe de cette même tolérance semble consommé – mais ce n'est, somme toute, pas vraiment la même. Désormais, elle signifie, dans un contexte de guerre collective contre la « superstition », la volonté de porter le coup décisif à l'Église jointe à la certitude que les choix théologiques sont secondaires.

Il va néanmoins de soi que cela ne présente qu'une face de la médaille. Car si ce qu'on a abandonné au désaccord a ainsi basculé dans l'anecdotique, il reste à savoir sur quoi on s'accorde, et qui doit valoir désormais comme l'essentiel. Autrement dit, le défi de Bayle reste ouvert et une fois constatées « indifférentes » les options de chacun en matière de foi, où trouver la garantie du « lien social » que l'on appelle aussi, à l'époque, « lien civil » ? Rien n'est en effet résolu tant que l'on ne peut répondre à cette question puisque la dissociation de la foi et de la loi a creusé un abîme qu'il est impossible d'ignorer – et que, de fait, on n'ignore pas.

C'est ici qu'à nouveau plusieurs possibilités se dessinent. La première, la plus évidente car elle renvoyait à une tradition bien connue de tous, était celle de la *religion naturelle* dont

Cicéron avait consigné l'argumentaire de base[1]. Ce fut la solution dominante des Lumières car elle avait tout d'un compromis optimum. D'un côté, elle permet de tenir bon sur la tolérance puisqu'elle autorise toute croyance qui admet l'existence de Dieu, l'immortalité de l'âme et la sanction d'une justice compensatrice dans l'au-delà. De l'autre, elle permet d'écarter l'athéisme et de maintenir ainsi à distance l'éventualité effrayante d'une société absolument dépourvue de croyances religieuses. Montesquieu, Voltaire ou Rousseau, pour ne citer qu'eux, si vives que soient par ailleurs leurs divergences, se retrouvent au fond là-dessus : on ne peut pas suivre Bayle, il faut bien que les hommes craignent un autre tribunal que celui des souverains de ce monde. Montesquieu, en 1748, dans un chapitre expressément consacré à la réfutation de Bayle : « [...] il est très utile que l'on croie que Dieu est »[2] ; Rousseau, en 1762, après avoir évoqué la croyance des Persans en un pont jeté sur le feu éternel où se fera le jugement final : « Philosophe, tes lois morales sont fort belles ; mais montre-m'en de grâce, la sanction. Cesse un moment de battre la campagne, et dis-moi nettement ce que tu mets à la place du Poul-Serrho »[3] ; Voltaire enfin : « Partout où il y a une société établie, une religion est nécessaire ; les lois veillent sur les crimes connus, et la religion sur les crimes secrets »[4]. Il faut donc affirmer un accord universel sur cette dogmatique élémentaire : partout, de tout temps, les hommes y ont adhéré, quand bien même partout ils y ont ajouté des superstitions superflues, voire dangereuses. Les Lumières ne découvrent

---

1. Voir notamment *De la nature des dieux*, I, XVII, § 44-45.
2. *De l'esprit des lois*, XXIV, 2.
3. *Émile*, livre IV, *Œuvres complètes*, Paris, Gallimard, t. IV, 1969, p. 635.
4. *Traité sur la tolérance*, chap. 20, *Mélanges*, *op. cit.*, p. 630.

donc rien au sens où elles discerneraient, en la matière, des vérités nouvelles; elles découvrent des vérités connues de tous, depuis toujours, au sens où elles les dépouillent de tous les oripeaux qui les dissimulaient et qui ont justifié de fâcheux amalgames, la critique de la superstition risquant fort d'emporter avec elle le noyau dur de la vraie théologie, accessible par hypothèse à tout un chacun.

Dire qu'il s'agissait d'un compromis, c'est toutefois dire également, par un nouveau biais, que l'on devait alors renoncer à entendre la tolérance en son sens fort. Car en s'exprimant ainsi, on reconstituait de toute évidence une nouvelle orthodoxie. On revenait à l'idée que les hommes doivent bien, pour vivre ensemble, s'accorder sur des principes auxquels revient la fonction éminente de justifier les règles de l'ordre social. On peut toujours souligner que cette orthodoxie est *naturelle* et qu'elle ne doit rien à aucune espèce de révélation. On peut aussi insister sur le caractère *rationnel* desdits principes, justiciables d'une démonstration en bonne et due forme. Mais cela ne change rien au fait que les mêmes vérités doivent être reçues par tous et qu'à la limite le souverain « peut bannir de l'État quiconque ne les croit pas »[1].

On voit aussi où devaient porter les attaques à l'intérieur même de la sphère des Lumières. Historiquement, on avait beau jeu de souligner le caractère originel du polythéisme – ainsi Hume dans l'*Histoire naturelle de la religion* (1757). Formellement, il n'était pas trop difficile de mettre en cause le spectacle édifiant de la nature qui était censé justifier l'existence de Dieu – ainsi encore Hume dans les *Dialogues*

---

1. *Du contrat social*, IV, 8, *Œuvres complètes*, Paris, Gallimard, t. III, 1964, p. 468.

sur la religion naturelle (post. 1779). Anthropologiquement enfin, Montesquieu, Voltaire, Rousseau et bien d'autres esquivaient le cœur sombre de l'argument de Bayle, cet abîme qu'il avait redécouvert en l'homme et qui le scindait de lui-même : fuyant ce vertige, tous présument bien vite que la croyance religieuse détermine les actes, alors que c'est précisément cette croyance en l'efficace de la croyance qu'il aurait fallu d'abord rétablir. C'est en somme à cette prémisse qu'était suspendue la conséquence, à savoir le caractère politiquement indispensable de la religion. Et c'est pourquoi il put paraître nécessaire, si l'on voulait s'accorder sur quelques principes réellement fermes, de creuser plus au fond et de démontrer non seulement qu'il ne pouvait pas être utile de tromper le peuple par des superstitions avérées[1], mais encore que la religion de la raison elle-même était inutile, voire nuisible.

LA MORALE NATURELLE OU L'ORTHODOXIE RADICALE

De cette orientation, on aura un premier aperçu, encore timide mais fort instructif, dans ce texte de d'Alembert :

> La morale est une suite nécessaire de l'établissement des sociétés, puisqu'elle a pour objet ce que nous devons aux autres hommes. Or l'établissement des sociétés est dans les décrets du Créateur qui a rendu les hommes nécessaires les uns aux autres ; ainsi les principes moraux rentrent dans les décrets éternels. Il n'en faut pourtant pas conclure avec quelques philosophes que la connaissance de ces principes

---

1. C'est le problème débattu à l'Académie de Berlin en 1780. H. Adler en a publié les réponses dans un très bel ouvrage : *Nützt es dem Volke, betrogen zu werden ?*, Stuttgart-Bad-Cannstatt, Frommann-Holzboog, 2007.

suppose nécessairement la connaissance de Dieu. Il s'ensuivrait de là, contre le sentiment des théologiens même, que les païens n'auraient eu aucune idée de vertu. La religion sans doute épure et sanctifie les motifs qui nous font pratiquer les vertus morales; mais Dieu, sans se faire connaître aux hommes, a pu leur faire sentir, et leur a fait sentir en effet la nécessité de pratiquer ces vertus pour leur propre avantage. On a vu même, par un effet de cette providence qui veille au maintien de la société, des sectes de philosophes qui révoquaient en doute l'existence d'un premier être, professer dans la plus grande rigueur les vertus humaines. Zénon, chef des Stoïciens, n'admettait d'autre Dieu que l'univers, et sa morale est la plus pure que la lumière naturelle ait pu inspirer aux hommes.

C'est donc à des motifs purement humains que les sociétés ont dû leur naissance; la religion n'a eu aucune part à leur première formation; et quoiqu'elle soit destinée à en serrer le lien, cependant on peut dire qu'elle est principalement faite pour l'homme considéré en lui-même. Il suffit pour s'en convaincre de faire attention aux maximes qu'elle nous inspire, à l'objet qu'elle nous propose, aux récompenses et aux peines qu'elle nous promet. Le philosophe ne se charge que de placer l'homme dans la société et de l'y conduire; c'est au missionnaire de l'attirer ensuite aux pieds des autels[1].

On voit très bien ici se dissocier deux choses. D'un côté, une morale dont l'appréhension est indépendante de toute référence théologique : nous pouvons connaître la vertu sans reconnaître l'existence de Dieu. Cela se justifie trois fois. D'abord, par l'aveu même des théologiens qui admettent depuis Augustin que les gentils ont su quelque chose de la

---

1. *Essai sur les éléments de philosophie*, *op. cit.*, chap. 7, p. 58-59.

vertu[1]. Ensuite, par le sentiment, puisque les principes moraux requis par l'ordre social découlent de l'origine naturelle, *id est* contractuelle, de la société, laquelle implique par définition des engagements réciproques[2] que nous sommes conduits à observer par notre propre intérêt. Enfin, par l'exemple, puisqu'il existe de fait des athées vertueux. Nous pouvons alors conclure, de ce point de vue, que les sociétés doivent leur naissance, et donc leurs règles, « à des motifs purement humains ».

Mais nous ne pouvons pas nous arrêter là. La religion demeure incontournable, en premier lieu en tant que fondement : si les motifs sont humains, c'est tout de même Dieu qui les a sagement disposés de la sorte : nous n'avons pas besoin de savoir qu'il existe pour sentir ce que nous devons aux autres et pour nous comporter en conséquence, mais c'est à lui que nous devons d'y être conduits par notre propre intérêt. Surtout, en second lieu, la religion demeure incontournable par ses effets : elle raffine cette morale naturelle, elle épure, elle sanctifie, elle resserre le lien social. Cela signifie qu'elle présente une motivation supplémentaire, la vie éternelle, laquelle s'ajoute à l'intérêt égoïste. Ainsi le philosophe et le missionnaire se complètent-ils – mais tendanciellement, le premier peut se passer du second : il suffit pour cela de soutenir que la morale naturelle n'a besoin d'aucun adjuvant, et même qu'elle sera d'autant plus efficace qu'elle restera une pure morale naturelle, dépourvue de tout ajout religieux.

---

1. Augustin, *La cité de Dieu*, VIII, 8.
2. *Essai sur les éléments...*, *op. cit.*, chap. 9, p. 83 : « C'est en vertu d'une convention entre les membres que la société s'est formée ; et tout engagement a des liens réciproques ».

Telle est la seconde solution, celle du matérialisme, au problème de la garantie du lien civil : une morale naturelle violemment coupée de toute transcendance. On a alors affaire à une stratégie de destruction massive dont le baron d'Holbach porte fort bien témoignage en 1772 dans *Le bon sens ou Idées naturelles opposées aux idées surnaturelles*. On croit souvent qu'un philosophe se repère aux distinctions qu'il effectue ; mais ce qui frappe ici d'abord, c'est le geste résolu par lequel d'Holbach efface toutes les frontières qui organisaient le débat de l'époque. Entre la religion et la superstition, il n'y a plus lieu de faire le partage : « Il n'y a donc point de différence réelle entre la religion naturelle et la superstition la plus sombre et la plus servile »[1]. Cela tient, d'une part, à ce que leur origine commune doit être trouvée dans l'ignorance et la peur, « les deux pivots de toute religion »[2]. Cela tient, d'autre part, à ce que la critique de la seconde emporte nécessairement celle de la première : « En un mot, dès qu'on admet un être aussi contradictoire que le Dieu théologique, de quel droit refuserait-on d'admettre les fables les plus improbables, les miracles les plus étonnants, les mystères les plus profonds »[3] ? De même, il n'y a pas lieu de démarquer le polythéisme des sauvages d'avec les monothéismes d'aujourd'hui, l'hostie chrétienne étant un fétiche au même titre que le rat des Égyptiens : « En matière de religion, les hommes, pour la plupart, sont demeurés dans leur barbarie primitive »[4]. Ainsi d'Holbach amalgame-t-il brutalement toutes les formes de croyance religieuse, sans exception. Du même coup, il

---

1. Chap. 64, Paris, Éditions Rationalistes, 1971, p. 54.
2. *Ibid.*, chap. 10, p. 12.
3. *Ibid.*, chap. 117, p. 115.
4. *Ibid.*, chap. 120, p. 120.

invalide encore, sans le dire, la grande distinction entre théologien et écrivain politique dont on s'autorisait souvent alors pour légitimer la critique; Montesquieu, par exemple, avait pris soin d'ouvrir le livre XXIV de *L'esprit des lois* en précisant qu'il n'était «point théologien, mais écrivain politique», par où il entendait qu'il ne se prononçait pas sur la vérité, mais sur l'utilité des religions, sur leur conformité «au bien de la société». Or il est clair que d'Holbach ne s'embarrasse pas d'un tel distinguo: il nie l'utilité des religions en niant leur vérité. Toutes fausses, elles sont toutes nuisibles.

Avant d'en arriver là, il faut dénoncer l'argument dont Voltaire s'était fait le champion et récuser leur utilité:

> *Il faut*, nous dit-on sans cesse, *il faut une religion au peuple. Si les personnes éclairées n'ont pas besoin du frein de l'opinion, il est du moins nécessaire à des hommes grossiers, en qui l'éducation n'a point développé la raison.* Est-il donc bien vrai que la religion soit un frein pour le peuple? Voyons-nous que la religion l'empêche de se livrer à l'intempérance, à l'ivrognerie, à la brutalité, à la violence, à la fraude, à toutes sortes d'excès? Un peuple qui n'aurait aucune idée de la Divinité, pourrait-il se conduire d'une façon plus détestable que tant de peuples crédules, parmi lesquels on voit régner la dissolution et les vices les plus indignes des peuples raisonnables? Au sortir de ses temples, ne voit-on pas l'artisan ou l'homme du peuple se jeter tête baissée dans ses dérèglements ordinaires, et se persuader que les hommages périodiques qu'il a rendus à son Dieu, le mettent en droit de suivre sans remords ses habitudes vicieuses et ses penchants habituels?[1].

---

1. *Ibid.*, chap. 194, p. 218-219.

On voit bien ici sur quoi tout se joue : sur la dénonciation de la prétendue efficace de la croyance. D'Holbach répète Bayle presque littéralement : les hommes n'agissent pas en fonction de ce qu'ils croient. Mais il le fait basculer dans le camp de l'athéisme le moins équivoque : si la religion est impuissante à freiner les passions humaines, ce n'est certainement pas ici parce que seule la grâce pourrait réparer la corruption : « La nature humaine n'est pas dépravée ; et une morale, qui la contredit, n'est pas faite pour l'homme »[1].

À quoi tient alors cette insuffisance ? Avant tout, à ce que Hobbes avait tort quand il prétendait que la crainte de tourments éternels l'emporterait toujours sur celle des châtiments terrestres : « Car nul ne peut servir deux maîtres ; et on ne doit pas moins craindre, voire on doit plutôt obéir à celui qui menace d'une mort éternelle, qu'à celui qui n'étend pas les supplices au-delà de cette vie »[2]. Il faut dire exactement le contraire : « La crainte des puissances invisibles est rarement aussi forte que la crainte des puissances visibles »[3]. Ensuite, c'est à Pascal qu'il faut s'en prendre, Pascal qui prétendait que l'extérieur entraînerait l'intérieur : « C'est en faisant tout comme s'ils croyaient, en prenant de l'eau bénite, en faisant dire des messes, etc. Naturellement même cela vous fera croire et vous abêtira »[4]. En réalité, l'extérieur n'est que routine sans conséquence, le rite coutume inertiale sans prise sur l'espace profane :

---

1. *Ibid.*, chap. 163, p. 176.
2. Voir *supra*, chap. I, p. 26, note 1.
3. *Le bon sens, op. cit.*, chap. 175, p. 195.
4. *Pensées*, éd. Lafuma, n°418.

La religion n'est, pour le peuple, qu'un vain appareil de cérémonies, auquel il tient par habitude, qui amuse ses yeux, qui remue passagèrement son esprit engourdi, sans influer sur sa conduite et sans corriger ses mœurs. De l'aveu même des ministres des autels, rien de plus rare que cette religion *intérieure et spirituelle*, qui seule est capable de régler la vie de l'homme et de triompher de ses penchants [1].

Mais si la religion n'était qu'inutile, elle ne mériterait pas qu'on la combatte avec tant d'acharnement. Il faut donc aller plus loin et affirmer son caractère toxique. Or celui-ci s'établit par deux arguments bien distincts. Le premier affirme que la mauvaise monnaie chasse ainsi la bonne et que de tels freins imaginaires empêchent l'exercice des « freins réels et visibles » [2]. Comment définir ceux-ci ? Par « un gouvernement équitable, des lois sévères, une morale bien saine » [3], autrement dit : une bonne administration qui prenne en compte l'intérêt de tous, la crainte d'une justice impitoyable, et des principes exclusivement déduits de la nature humaine. En ce qui concerne ces derniers, nous sommes incités à comprendre que leur efficacité tient à ce qu'ils sont strictement naturels, c'est-à-dire conformes à ce qu'est effectivement l'homme, un être de passions et d'intérêts [4]. Nous voici alors revenus aux principes qu'évoquait d'Alembert ; mais ils trouvent désormais leurs auxiliaires dans le bonheur dû à un bon gouvernement et la peur du gendarme, pas dans la religion.

A la question de savoir pourquoi celle-ci est si néfaste, il existe toutefois une seconde réponse : c'est qu'elle un

1. *Le bon sens*, *op. cit.*, chap. 194, p. 219.
2. *Ibid.*
3. *Ibid.*, p. 220.
4. *Ibid.*, chap. 163, p. 176.

instrument de servitude comme Spinoza l'avait déjà fameusement déclaré au seuil du *Traité théologico-politique*[1]. D'Holbach ne cesse de le répéter, la superstition est un formidable appareil d'assujettissement :

> Le vulgaire ne demande pas mieux que d'écouter des fables ; les prêtres et les législateurs, en inventant des religions et en forgeant des mystères, l'ont servi à son gré. Ils se sont attachés par là des enthousiastes, des femmes, des ignorants »[2].

Mais il faut alors bien concéder à la croyance une efficace qu'on lui avait auparavant déniée : si vraiment elle ne mordait en rien sur les comportements, elle ne pourrait assujettir personne. Preuve que les choses ne vont pas de soi, d'Holbach en arrive à reprendre à Hobbes la thèse qu'il lui refusait ailleurs : pourquoi les souverains se donnent-ils toujours les prêtres pour maîtres ? Parce que « le pouvoir le plus grand est forcé de céder au pouvoir spirituel de l'opinion. Rien de plus difficile que de servir deux maîtres […] »[3]. Alors que faut-il au juste reprocher à la religion ? Qu'elle ne sert à rien ou qu'elle sert à asservir ? Essaiera-t-on de se tirer d'affaire en soutenant que ce qui était vrai jadis ne l'est plus aujourd'hui et qu'elle put à l'origine « soumettre les esprits des peuples grossiers », mais que « les loups-garous de l'enfance ne sont pas faits pour

---

1. « […] le plus grand secret du gouvernement monarchique et son intérêt principal consistent à tromper les hommes et à masquer du nom spécieux de religion la crainte qui doit les retenir, afin qu'ils combattent pour leur servitude comme si c'était pour leur salut […] », Spinoza, *Œuvres*, t. III, trad. P.F. Moreau et J. Lagrée, Paris, P.U.F., 1999, p. 61-63.
2. *Le bon sens, op. cit.*, chap. 112, p. 110.
3. *Ibid.*, chap. 173, p. 192.

l'homme mûr »[1] ? On se heurtera alors aussitôt à la conviction qu'en matière de croyance les hommes sont aussi barbares aujourd'hui qu'ils l'ont toujours été. Mieux vaut donc prendre acte de ce que d'Holbach fait feu de tout bois et emploie sans les concilier, mais sans hésiter non plus, deux argumentaires dont le cumul a pour fin d'accroître la charge explosive de l'ensemble. Il ne faut pas articuler, il faut additionner.

Anti-chrétienne, la religion naturelle ? Sans doute, pour autant qu'elle se définissait par opposition au surnaturel ; mais du point de vue matérialiste, encore bien timorée, puisqu'elle continuait d'admettre de périlleuses chimères, non moins absurdes que celles de l'Église. Radicalement anti-chrétienne, la morale naturelle de l'athéisme ? Bien sûr, puisqu'elle coupe court à toute espèce de théologie et s'en tient à l'immanence stricte de la nature, celle de l'homme et des rapports néces- saires de convenance qu'il entretient avec son environnement. Mais aussi bien, encore chrétienne, car une orthodoxie imma- nente reste une orthodoxie – saine morale si l'on veut, mais morale fondamentale sur laquelle les citoyens devront impé- rativement s'accorder pour vivre ensemble. Une morale, une loi, une nation – rien n'a changé.

L'OPINION PUBLIQUE OU L'INSTITUTION DE L'HÉTÉRODOXIE

En poursuivant dans cette direction, nous rencontrerions Condorcet et la tradition d'une morale laïque dont la France républicaine s'imprégnera profondément : la morale qu'il faudra enseigner, celle des « droits primitifs de l'homme et des devoirs simples et généraux que l'ordre social impose à tous

---

1. *Le bon sens*, *op. cit.*, chap. 141, p. 147.

les citoyens », il faudra soigneusement la séparer « de tout rapport avec les opinions religieuses d'une secte particulière » et refuser même de la lier « aux idées générales de la religion »[1]. En 1795, quatre ans plus tard, en faisant encore un effort – mais Sade seul le fera –, on pourra en arriver à une apologie méthodique du crime : si la religion naturelle avait été emportée avec la religion révélée, c'est la morale naturelle qu'enveloppe maintenant la critique de la religion. Surenchère formidable, inévitable en un sens, qui parvenait à une extrémité du processus et qui ne pouvait donc s'interdire qu'en déclarant celle-ci, d'une parole abrupte et arbitraire, insane ; on nomme fou celui qui va au bout.

À rebours, on comprend que certains aient éprouvé le besoin de désamorcer ce processus. Pour y parvenir, il leur fallut déplacer le problème et refuser de défendre la religion par son utilité car alors « elle ne paraît plus qu'un moyen et par là même elle est dégradée »[2]. Mais alors comment la légitimer ? Par sa vérité ? Oui, sans doute, mais comment faire pour ne pas basculer dans le camp du catholicisme contre-révolutionnaire ? En soutenant que dans la religion, dans toute religion, il y a de la vérité, mais que celle-ci n'est de l'ordre ni de la raison ni de la Révélation historique, mais d'une révélation universelle et permanente qui trouve sa seule source dans le cœur humain : un *sentiment* que tout corpus dogmatique ne peut qu'imparfaitement formuler dans le cadre d'une institutionnalisation provisoire. Tel fut le sens de la grande œuvre publiée par Constant de 1824 à 1831 sous le titre *De la*

1. *Cinq mémoires sur l'instruction publique*, Paris, Flammarion, 1994, p. 127-128. Voir *infra*, chap. v, p. 154 *sq*.
2. Benjamin Constant, *Principes de politique*, VIII, 7, Paris, Hachette, 1997, p. 152.

religion considérée dans sa source, ses formes et ses développements. Il espérait ainsi sauver la religion tout en l'affirmant irréductible, par essence, à toute doctrine. Bref, il s'agissait de dépasser le conflit de l'intolérance sacerdotale et de l'égoïsme matérialiste en réinventant la contrainte religieuse comme l'indépassable émotion qu'éprouve l'homme de forces qui le dépassent et qu'il stabilise périodiquement par de nouvelles formes vouées à disparaître en leur temps : « Mais il faut distinguer le fond d'avec les formes, et le sentiment religieux d'avec les institutions religieuses ; […] tandis que le fond est toujours le même, immuable, éternel, la forme est variable et transitoire »[1]. Nous sommes nécessairement pieux ; nous sommes aussi nécessairement contraints d'institutionnaliser notre piété, mais cette nécessité-là est proprement seconde, presque anecdotique au regard du sentiment lui-même ; elle ne justifie donc aucune persécution.

Or c'était là une issue doublement paradoxale.

D'une part, parce qu'elle sauvait en réalité la religion *pour ses effets idéologiques*, tout en déclarant qu'il ne fallait justement pas, pour ce faire, la concevoir comme idéologie. Mais si elle avait raison quand elle prenait acte de ce que l'instrumentalisation bourgeoise de la religion était suicidaire, elle devait connaître le même sort pour autant qu'elle demeurait une instrumentalisation honteuse.

D'autre part, parce qu'à la question initiale – comment donc institutionnaliser la tolérance au sens fort sans recréer une nouvelle orthodoxie ? –, elle répondait en misant sur *de l'ininstitutionnalisable* – un sentiment irréductible à toute

---

1. *De la religion considérée dans sa source, ses formes et ses dévelopements*, I, 1, Arles, Actes Sud, 1999, p. 47 ; c'est p. 43 que Constant corrige le concept de révélation.

forme. Mais comment donc le lien civil pourrait-il trouver sa garantie dans ce qui se trouve définitivement réfractaire à toute formulation, rationnelle ou non ? Comment donc une communauté humaine pourrait-elle se réfléchir véritablement dans une absence d'institution – ou ce qui revient au même, dans des institutions religieuses qui se conçoivent d'emblée ouvertement comme défaillantes ? La capture impossible du « sentiment religieux », c'était aussi l'institutionnalisation impossible de la vraie tolérance, celle des pères fondateurs.

Constant le savait bien, qui fut l'un des premiers à théoriser méthodiquement, à côté du sentiment religieux, « l'opinion publique ». Et de même que la tolérance avait été la solution à la fois la plus difficile et la plus féconde aux guerres de religion, l'opinion publique sera à la fois la solution la plus audacieuse et la plus prometteuse aux impasses engendrées à son tour par la tolérance. Une autre extrémité au même processus qui, de la religion naturelle, conduisait par ailleurs à l'éloge farouche (sadien) de toutes les cruautés.

Avec l'opinion publique surgissait en effet autre chose qui devait mettre fin à la reconstitution de toute homogénéité doctrinale, un coup de génie qui devait offrir à la tolérance les moyens institutionnels de son projet. Au lieu de se résigner à vivre ensemble faute de mieux, nonobstant de cruciaux désaccords sur ce qui doit nous importer au plus haut point, on intègre positivement ces désaccords dans une sphère où leurs oppositions deviennent motrices. On ne relègue plus ce qui nous sépare dans le domaine des choses indifférentes, on en organise la confrontation réglée à l'échelle du corps social entier. On ne vit plus ensemble malgré nos divergences, on prend appui sur leur antagonisme pour vivre ensemble. La fameuse diversité en faveur de laquelle plaidaient Bayle ou Locke trouve là son armature décisive. « Pense par toi-même », cela signifie bien « pense avec autrui » : « Quelles seraient l'ampleur et la justesse de notre *pensée*, si nous ne pensions pas en quelque sorte en communauté avec d'autres à qui nous *communiquerions* nos pensées et qui nous communiqueraient les leurs ! » [1]. Le seul vainqueur d'une telle organisation des conflits, ce ne peut être que la vérité, en état de révision permanente.

L'opinion publique se présente alors comme la tolérance parvenue à sa formulation la plus haute. Bien sûr, il faut s'accorder sur quelque chose pour pouvoir ainsi débattre, mais ce ne sont que des règles qui ne présument en rien des options que nous déterminerons ensemble, par l'exercice conjoint de nos entendements. Bien sûr, nous allons nous accorder aussi, une fois réciproquement convaincus, sur ces options, mais ce sera pour les corriger aussitôt dans la perspective d'une approximation continue ; c'est pourquoi le « progrès » apparaîtra spontanément comme l'historicité requise par l'opinion publique [2]. Et de la sorte, chacun pensant avec et contre tous, nous pourrons enfin vivre ensemble heureusement dans le désaccord, c'est-à-dire *par* le désaccord, dont l'orchestration généralisée promet le naufrage sans retour de tous les préjugés.

Là où se met en branle cette grande discussion indéfinie, la pensée devient fluide, elle se libère de tous les dogmes, y compris ceux d'une raison qui avait bien vite retrouvé le visage de l'autorité. La mort de Dieu semble bien trouver ici à la fois son programme et sa réalisation.

---

1. Kant, *Qu'est-ce que s'orienter dans la pensée ?,* Ak, VIII, 144, trad. J.F. Poirier et F. Proust, Paris, Garnier-Flammarion, 1991, p. 69.
2. R. Koselleck, *Le règne de la critique*, trad. I. Hildenbrand, Paris, Minuit, 1979, p. 91.

CHAPITRE III

PASSAGES DE TÉMOINS

Dans les années 1790, la crise est évidemment à son comble et le problème de savoir comment répondre à Bayle trouve ses formulations les plus dramatiques en même temps que les pouvoirs de l'opinion semblent déborder ceux de l'intelligence et tout emporter avec eux. Liquider l'autorité dogmatique et faire sa place à l'opinion d'un public qu'il ne faut surtout pas confondre avec la populace, c'est l'entreprise délicate qui s'effectue, non sans hésitation, mais dans l'urgence, sans le recul du cabinet. Trois témoignages, parmi bien d'autres possibles et peut-être préférables, illustreront ici ce périlleux relais. On y retrouvera, avec une intensité nouvelle, les difficultés évoquées plus haut. On y mesurera, plus concrètement que jamais, à quel point il était alors impératif de les résoudre, c'est-à-dire à quel point ne pas les résoudre était mortel. On y discernera enfin les embarras liés à l'émergence même du concept d'«opinion publique» dont traitera la seconde partie de cet ouvrage. Au reste, le lecteur pressé peut toujours sauter par-dessus ces analyses et embrayer directement sur celle-ci.

MME DE STAËL EN 1798 : LES IDÉES RELIGIEUSES AU PRINCIPE DE LA RÉPUBLIQUE

En 1798, Mme de Staël rédige *Des Circonstances actuelles qui peuvent terminer la Révolution et des principes qui doivent fonder la République en France* qui ne seront publiées qu'en 1906. En matière spirituelle, le contexte est celui d'un essor sans lendemain de la théophilanthropie inaugurée le 15 janvier 1797 et appuyée par le Directoire. Celle-ci constituait un avatar de la religion naturelle, admettant les deux seuls dogmes de l'existence de Dieu et de l'immortalité de l'âme, et conservant certains rites comme le baptême ou le mariage. C'est dans cette conjoncture que Mme de Staël intervient, avant tout pour prôner le théisme, aux principes duquel « il faut rappeler toute religion pratique en France »[1], comme religion d'État; mais aussi pour montrer que le calvinisme français est sans doute, à cet égard, préférable à la théophilanthropie, trop ouvertement politique et compromise en outre par des représentants au passé terroriste. Voici comment elle ouvre son argumentation :

> Il me paraît prouvé que la moralité des hommes a besoin du lien des idées religieuses. Je crois à quelques exceptions, résultats d'une nature et d'une éducation qui parviennent à suppléer à ce premier secours; je crois aussi à cet amour exalté de l'opinion publique qui se développe dans les hommes placés en vue et dans les pays où cette opinion est elle-même guidée par le frein général des idées religieuses. Mais c'est dans la République française qu'une religion est nécessaire[2].

1. *Des circonstances…*, II, 2, Genève, Droz, 1979, p. 230.
2. *Ibid.*, p. 222.

Ce dont Mme de Staël déclare en préambule que cela paraît prouvé, c'est en fait ce qu'il s'agit de prouver, à savoir que les idées religieuses doivent fonder la morale, laquelle devra à son tour fonder le droit ainsi que nous l'apprendrons plus tard. Nous voici donc dans le sillage de tous ceux, innombrables au cours du siècle, qui ont déjà répliqué à Bayle qu'il avait tort et qu'aucune communauté athée ne pouvait subsister : on comprend bien que les événements révolutionnaires aient pu apparaître à certains esprits éclairés comme la confirmation terrifiante de ce *topos*. Le droit, c'est celui des Lumières, celui du « contrat social ». Les « idées religieuses », c'est aussi la religion des Lumières, qu'il faut distinguer de la plupart des religions positives : « Mais rien ne diffère plus que la plupart des religions et les idées religieuses »[1].

Toutefois, ces mêmes Lumières ont laissé un héritage embarrassant. C'est pourquoi il faut dire que cette religion-là n'est pas réservée à la masse (le mot apparaît dans le vocabulaire politique de l'époque), mais destinée à tous : « Les idées religieuses me paraissent également nécessaires à tous les hommes, à tous les degrés d'instruction »[2]. C'est pourquoi aussi tout l'argumentaire est pris dans une contradiction frappante : alors qu'il se donne expressément pour but d'établir la nécessité morale et donc politique des idées religieuses, la théophilanthropie sera un peu plus loin mise en cause comme trop évidemment pourvue d'« une mission politique » et plus loin encore, ce sera le critère même de l'utilité qui se verra récusé : « On sait ce qui est juste, ce qui est légal. Tout le monde est d'accord sur ce point. Personne ne l'est sur ce qui

1. *Ibid.,* II, 2, p. 226.
2. *Ibid.,* II, 2, p. 224.

est utile »[1]. Cette remarque, qui vise sans doute Bentham et les effets jugés catastrophiques de l'utilitarisme, tend à invalider en retour la défense de la religion naturelle. De fait, Mme de Staël sera conduite douze ans plus tard à prendre toute la mesure du problème. L'utilité ne sera pas seulement rejetée en général comme le « nom pompeux dont on revêt son intérêt personnel »[2], la religion universelle sera dissociée de la raison, fondée sur « le sentiment de l'infini » et associée au sacrifice, en même temps qu'elle sera à son tour déclarée au principe de la philosophie elle-même : « C'est à la philosophie fondée sur la religion qu'il appartiendrait d'inspirer dans toutes les occasions un courage inaltérable »[3].

Formulée avec une extension maximale – la moralité des hommes a besoin du lien des idées religieuses –, la thèse s'accompagne aussitôt de deux restrictions qui ont pour fin de couper court à deux objections trop prévisibles. La première vise à l'évidence l'athée vertueux de Bayle qui découvrait les vérités de la morale en pur géomètre, sans avoir besoin de remonter à Dieu[4] : c'est là un personnage trop rare pour retenir l'intérêt, il suppose à la fois un tempérament et une éducation exceptionnels. La seconde vise le patriotisme des Anciens, lequel était en fait lui-même subordonné aux idées religieuses ; c'est bien allusivement affirmé, et bien plus important qu'il n'y paraît, mais on y reviendra vite. Ces deux réserves faites, la thèse peut être ramenée à son véritable objet : « Mais c'est *dans la République* française qu'une religion est nécessaire ».

---

1. *Ibid.,* II, 2, p. 234 et II, 3, p. 262.
2. *De l'Allemagne*, III, 13, Paris, Garnier-Flammarion, 1968, t. II, p. 193.
3. *Ibid.*, IV, 1, p. 239 ; IV, 4, p. 258-259 ; et III, 11, p. 178.
4. Voir Bayle, *Pensées sur l'athéisme, op. cit.*, p. 157-163 et *supra*, p. 48-49.

C'est là véritablement ce qu'il s'agit d'établir et ce qui le sera en deux temps : il faudra d'abord montrer que la république (française), plus que tout autre régime, doit être morale, et ensuite que, pour être morale, il lui faut des idées religieuses. Voici comment s'établit le premier point :

> L'opinion, dans un pays libre, étant presque toujours divisée en deux partis, ce qu'on appelle l'estime publique a toujours moins de force et de sévérité. L'égalité politique détruit la sorte de subordination imaginaire qui contient chaque homme dans sa sphère, indépendamment de la gradation des pouvoirs, chaque pensée, chaque action se jugeant toujours de deux manières différentes. La liberté nécessaire et qui doit s'établir, exige plus de volontaire dans les actions des hommes ; le principe de la souveraineté du peuple force à recourir toujours davantage et à la puissance du dévouement libre et à la sagesse des opinions particulières. Plus donc vous donnez d'influence aux volontés individuelles de la nation, plus vous avez besoin d'un moyen qui moralise le grand nombre ; et ce serait sous le despotisme, ce serait lorsque toutes les volontés sont enchaînées, qu'on concevrait plutôt la possibilité de se passer d'un guide individuel pour chacune de ces volontés. Moins vous voulez donner au gouvernement le pouvoir de contraindre, plus vous laissez de jeu dans la machine politique, plus il vous faut recourir et à la direction particulière et à la direction uniforme [1].

Pourquoi donc la République doit-elle être morale ? D'un point de vue général, parce qu'il faut réparer le grand contresens révolutionnaire qui a consisté, aux yeux de Mme de Staël comme de beaucoup d'autres, à mettre le droit avant la morale, à bouleverser les institutions avant d'y avoir préparé les

---

1. *Des circonstances…*, II, 2, p. 222-223.

esprits : « [...] les plus grands malheurs de la fondation de la République sont venus de ce qu'elle a précédé de dix ans les écrits qui l'auraient préparée »[1]. C'était là prendre le contre-pied exact de Babeuf déclarant le 30 novembre 1795 : « Ce n'est plus *dans les esprits* qu'il faut faire la révolution ; [...] mais c'est *dans les choses* qu'il faut enfin que cette révolution de laquelle dépend le genre du bonheur humain, se fasse aussi tout entière » – Babeuf, pour qui, cette Révolution, il ne s'agissait pas de la « terminer », mais au contraire de la poursuivre[2] ; de fait, elle continua sans lui, à moins qu'elle ne s'acheva avec lui... Pour Madame de Staël, il est temps que la morale rattrape le droit. Mais à cette « circonstance » conjoncturelle, il faut ajouter des traits tenant au concept même de « république »[3] : l'esprit de parti, l'égalité, la liberté.

L'esprit de parti, loin de nourrir des rivalités favorables à tous comme le prétendait une certaine tradition machiavélienne[4], déchire « le cœur de chaque homme »[5] et interdit au fond au « public » d'exister. Dans la terminologie de l'époque, il faut bien sûr l'opposer d'abord à *l'esprit public*, lequel signifie le sens de l'intérêt général : « Quand l'esprit de parti pourra sans crainte céder la place à l'esprit public, la France sera libre »[6]. Mais on doit encore l'opposer à *l'opinion publique* entendue comme faculté de délibération collective : « Dans un empire où deux partis opposés se combattent avec

---

1. *Des circonstances...*, II, 4 ; *op. cit.*, p. 275.
2. Babeuf, *Écrits*, Pantin, Le temps des cerises, 2009, p. 329, 338 et 376.
3. Il faut ici se souvenir du titre de l'ouvrage qui enjoint de tenir ensemble les circonstances et les principes – le concret et l'abstrait, Burke et les droits de l'homme.
4. Machiavel, *Discours sur la Première Décade de Tite-Live*, I, 4.
5. *Des circonstances...*, I, 1 ; *op. cit.*, p. 69.
6. *Ibid.*, II, 4, p. 274.

fureur, il y a bien peu d'opinion publique ; tous les jugements s'exaltent par l'opposition » [1]. Et l'on doit enfin l'opposer, comme c'est le cas ici, à *l'estime publique*, comprise comme censure exercée par tous sur chacun. L'esprit de parti, exacerbant les conflits, divise irrémédiablement le corps politique en camps irréconciliables et lui interdit d'exister comme corps. La morale est d'abord nécessaire pour surmonter ce terrible clivage.

Les équivoques de l'égalité ont toujours été la croix des républicains. De l'égalité mal entendue comme « tyrannie de la faction dominante sur la nation entière », il faut impérativement distinguer l'égalité définie comme « rétablissement de l'inégalité naturelle », c'est-à-dire « la suprématie de la vertu, des lumières, de l'éducation, de la propriété même » [2]. Il faut comprendre ici que l'égalité politique, en assurant à chaque citoyen les mêmes droits dans les limites de l'inégalité naturelle, fait voler en éclats l'autre inégalité, purement imaginaire mais bien utile, qui le contenait jusqu'alors à sa « place », en plus de la crainte du gendarme, dans le contexte d'un ordre cosmothéologique fortement hiérarchisé – au fond, ce que Tocqueville nommera l'aristocratie. La morale est encore nécessaire pour suppléer cet effritement idéologique : l'inégalité dite « naturelle » des vertus et des lumières requiert la croyance en Dieu pour pouvoir se substituer sans dommage à l'inégalité cosmique de la tradition et colmater cet autre clivage, celui de l'homme et du citoyen, qui contraint à évaluer désormais chaque action « de deux manières différentes ».

Reste la liberté, celle de l'homme qui est définie ailleurs comme « la possibilité d'exister isolément des affaires publi-

---

1. *Ibid.*, I, 3, p. 106.
2. *Ibid.*, II, 1, p. 204 et introduction, p. 10-11.

ques »[1], et celle du citoyen qui s'exprime par la souveraineté du peuple. C'est manifestement de la seconde qu'il s'agit ici, laquelle exige sagesse et dévouement, lesquels exigent à leur tour de la morale pour ne pas laisser l'intérêt particulier corrompre l'intérêt général. Plus la volonté individuelle gouverne, plus elle doit être guidée par des principes favorables à l'ensemble du corps politique. C'est pourquoi la république est le régime qui a le plus besoin de morale. On peut le dire *a contrario* : le despotisme est celui qui en exige le moins car, comme le disait Montesquieu, la crainte y suffit[2]. Mais quelle morale convient à la République, sinon celle des idées religieuses ? C'est ce qui reste à démontrer :

> Or je défie de découvrir aucune idée dont les effets soient aussi simples, aussi semblables et plus également d'accord avec toutes les autres diversités des opinions, des caractères et des situations. Lorsque Montesquieu remarqua que le principe des républiques était la vertu, il fut obligé dans le développement de citer des exemples de respect religieux pour son serment, etc. Chez les anciens, on n'a point eu l'idée d'une vertu totalement distincte des idées religieuses. L'amour de la patrie est un grand mobile, mais, outre qu'il s'affaiblit en proportion de l'étendue du pays, du nombre des concitoyens, jamais il ne suffit pour nous éclairer avec certitude sur ce qu'il faut au bien de cette patrie. Tel voit son salut dans la guerre, tel autre dans la paix, tel dans l'obéissance, tel autre dans la révolte, tel dans la fédération. La morale, et la morale liée par les opinions religieuses, donne seule un code complet pour toutes les actions de la vie,

---

1. *Ibid.*, I, 3, p. 109.
2. *De l'esprit des lois*, III, 9.

un code qui réunit les hommes par une sorte de pacte des âmes, préliminaire indispensable de tout contrat social[1].

C'est Montesquieu qui va être maintenant la cible de Mme de Staël pour autant qu'il avait formulé une thèse alors présente à l'esprit de tous : le principe de la république est la vertu – mais il avait pris soin de préciser : non pas la vertu morale, ni la vertu chrétienne, mais la vertu politique, c'est-à-dire l'amour de la république, de l'égalité et de la frugalité[2]. Cela ne signifiait pas que la religion y était inutile, mais qu'elle n'était pas le principe d'un tel régime qui trouvait son ressort affectif dans le patriotisme. Pour prouver que la morale dont a besoin la République française a elle-même besoin de religion, Mme de Staël ne peut donc pas ne pas récuser la grande référence des patriotes. C'est ce qui explique le fait qu'elle procède par élimination : pour établir la nécessité des idées religieuses, il suffira de prouver l'insuffisance de la vertu politique. Celle-ci est le seul concurrent sérieux, avec l'intérêt (le calcul utilitaire) dont nous avons vu qu'il était disqualifié ailleurs. Et pour écarter la vertu, trois arguments distincts interviendront.

Le premier, formulé elliptiquement plus haut, cherche chez Montesquieu lui-même l'aveu que le civisme ne se suffit pas et qu'il a besoin de piété, comme l'atteste une remarque de *L'esprit des lois* (VIII, 13) : « Le serment eut tant de force chez ce peuple que rien ne l'attacha plus aux lois. Il fit bien des fois pour l'observer ce qu'il n'aurait jamais fait pour la gloire ni pour la patrie ». Comment mieux confesser que la crainte des

1. *Des circonstances…*, I, 1, *op. cit.*, p. 223.
2. *Ibid.*, Avertissement et V, 2-3.

dieux jouit d'une efficace supérieure à l'amour de la république?

La seconde objection pourrait aussi se réclamer de Montesquieu qui avait réservé les petits territoires aux républiques[1]. Rousseau s'en était souvenu au début de l'*Emile* et avait affirmé un rapport de proportionnalité inverse entre superficie et patriotisme, aboutissant logiquement à dévaluer le cosmopolitisme : « Tel philosophe aime les Tartares pour être dispensé d'aimer ses voisins »[2]. Mme de Staël ne dit pas autre chose : pour aimer passionnément sa patrie, encore faut-il que la passion soit possible, ce qui suppose de lui fournir un objet restreint. La France est grande, il y faut autre chose – des idées religieuses.

Le troisième et dernier argument repose sur l'indétermination de la vertu politique. Aimer la République, sans doute, mais encore? L'aimer, est-ce vouloir la guerre ou la paix, centraliser ou fédérer? On peut faire bien des choses par civisme, et on en a fait hélas plus qu'on ne l'aurait cru possible. Il faut donc faire intervenir une régulation supérieure : la morale, liée par les idées religieuses. CQFD.

A ce point, Mme de Staël semble bien réaffirmer une position qui est alors en train de devenir archaïque – c'est sans doute l'un des derniers plaidoyers consistants en faveur de la religion naturelle. Cela signifie-t-il qu'elle est aveugle au nouveau concept d'opinion publique, qu'elle ne comprend pas que sa promotion invalide fonctionnellement la religion, naturelle ou pas, qui devient alors superflue? Sans doute que non.

---

1. *Ibid.*, VIII, 16.
2. *Émile, op. cit.*, p. 249.

A la question cruciale de savoir comment identifier le principe de la république, une tout autre réponse est en effet fournie ailleurs : « Si Montesquieu eût vécu de nos jours, peut-être aurait-il pensé que le principe de la République française, c'était la philosophie », par où il faut entendre « la guerre à tous les préjugés »[1]. Cette formule trouvera plus loin son explicitation : « tout acte législatif doit dériver de la pensée du philosophe adoptée par l'opinion publique »[2]. Pour soutenir la République, nous rencontrons ici un nouveau circuit : les écrivains, grâce à la liberté de la presse, éclairent l'opinion et lui font aimer les institutions républicaines, lesquelles peuvent alors légiférer sans craindre de contredire cette dernière[3].

Or cette réponse se trouve en concurrence avec la précédente : à la morale liée par les idées religieuses, il faut maintenant opposer l'opinion publique éclairée par les écrivains. On peut toujours acrobatiquement tenter de rabattre l'une sur l'autre les deux constructions, mais en vérité Mme de Staël ne le fait pas. Elle oscille entre deux formes de réflexivité sociale en droit incompatibles. Et à bien y regarder, la seconde est elle-même équivoque : l'opinion publique éclairée par la presse peut être conçue comme analogue à la foi véhiculée par l'Église – c'est toujours une vérité diffusée de haut en bas – ou comme une vérité émergeant *dans* l'espace imprimé de la confrontation horizontale des opinions individuelles. Mme de Staël semble plutôt s'en tenir à la première, à une opinion passive, à un dépôt de la raison. Ce faisant, elle appréhende encore l'opinion publique comme une croyance, elle ne fait

---

1. *Des circonstances…*, I, 2, *op. cit.*, p. 95-96. Même formule en II, 4, p. 274.
2. *Ibid.*, II, 4, p. 278.
3. *Ibid.*, II, 4, p. 277. Comp. *infra*, chap. IV, p. 137-141.

guère droit à ce qui peut lui conférer le sens d'une émancipation collective de toutes les croyances. Nous aurons à voir là
une ambiguïté constitutive du concept.

CHATEAUBRIAND EN 1797 : AUCUNE HISTOIRE
N'EST DISPONIBLE

Rédigé de 1793 à 1796 dans la solitude et l'exil londonien,
publié en 1797, l'*Essai historique, politique et moral sur les
révolutions anciennes et modernes considérées dans leurs
rapports avec la Révolution française*, est un ouvrage révé-
lateur par le relief qu'il donne aux apories du moment. Au lieu
de les dissimuler, Chateaubriand les fait saillir dans tout leur
tranchant, au risque d'avoir à le regretter ensuite. Ainsi de la
religion. Dans la seconde partie[1], il en retrace à grands traits
l'histoire en partant du polythéisme des sauvages qui devient
celui des Anciens jusqu'à son éclipse par le christianisme
triomphant. La Renaissance, la Régence, enfin le « gouffre de
la Révolution »[2] scandent alors le déclin de celui-ci et il faut
bien poser la question de ce qui va pouvoir en tenir lieu :

> Λ la fin de cette histoire abrégée du Polythéisme et du
> Christianisme, une question se présente : quelle sera la
> religion qui remplacera le Christianisme ?
> Toute intéressante que soit cette question, elle demeure
> presque insoluble d'après les données communes. Le
> Christianisme tombe de jour en jour, et cependant nous ne

1. Chapitres 31 *sq.*
2. *Essai…*, II, 43, Paris, Gallimard, 1978, p. 401 ; une remarquable édition
dirigée par Aurelio Principato est parue récemment que j'ai également utilisée :
Œuvres complètes, t. I-II, Paris, Champion, 2009. Je laisse de côté les notes de
1826.

voyons pas qu'aucune secte cachée circule sourdement en Europe, et envahisse l'ancienne religion : Jupiter ne saurait revivre; la doctrine de Swedenborg ou des Illuminés ne deviendra point un culte dominant; un petit nombre peut prétendre aux inspirations, mais non la masse des individus; un culte moral où l'on personnifierait seulement les vertus, comme la sagesse, la valeur, est absurde à supposer.

La Religion naturelle n'offre pas plus de probabilités; le sage peut la suivre, mais elle est trop au-dessus de la foule : un Dieu, une âme immortelle, des peines et des récompenses, ramènent le peuple de nécessité à un culte composé; d'ailleurs cette métaphysique ne sera jamais à sa portée. Peut-on supposer que quelque imposteur, quelque nouveau Mahomet, sorti d'Orient, s'avance la flamme et le fer à la main, et vienne forcer les Chrétiens à fléchir le genou devant son idole ? La poudre à canon nous a mis à l'abri de ce malheur.

S'élèvera-t-il parmi nous, lorsque le Christianisme sera tombé en un discrédit absolu, un homme qui se mette à prêcher un culte nouveau ? Mais alors les nations seront trop indifférentes en matières religieuses, et trop corrompues pour s'embarrasser des rêveries du nouvel Envoyé, et sa doctrine mourrait dans le mépris, comme celle des Illuminés de notre siècle. Cependant, il faut une religion, ou la société périt : en vérité, plus on envisage la question, plus on s'effraie; il semble que l'Europe touche au moment d'une révolution, ou plutôt d'une dissolution, dont celle de la France n'est que l'avant-coureur [1].

Nous voici, toujours dans le sillage de Bayle, à nous demander comment pourrait bien se réfléchir le lien civil autrement que par le christianisme. Mais il est à noter que la

---

1. *Ibid.*, II, 55 ; *op. cit*, p.428-429.

question est posée ici *au futur* : le christianisme étant présumé caduc, on demande ce qui s'y substitue*ra*. Cette formulation du problème est décisive car il ne peut alors espérer de solution que si l'on dispose d'une historicité suffisamment cohérente pour y enchaîner l'avenir au passé et au présent. Or il va s'avérer que *toutes les historicités mobilisables sont inconsistantes* : en réalité, on ne peut opérer l'induction voulue parce que l'*historia magistra vitae*, le cycle naturel, l'extrapolation d'une courbe observable, la rupture d'une nouvelle Révélation, tous ces modèles se défont à l'analyse. Sans temps homogène, pas d'inférence possible. La Révolution française apparaît donc comme le gouffre de toutes les histoires, ce chaos où nous ne disposons plus d'aucun schème qui nous permettrait d'ordonner notre temps, de nous représenter où nous en sommes.

Partis d'une question banale, nous en arrivons à une thèse qui l'est beaucoup moins et où l'écriture trouve son pathos spécifique : cette question cruciale *est insoluble*. Elle est cruciale : « Cependant, il faut une religion ou la société périt : en vérité, plus on l'envisage, plus on s'effraie ». Mais elle est aussi « presque insoluble d'après les données communes » et pour autant que nous ne disposons que de celles-ci, conclura finalement Chateaubriand, il nous faut cesser « d'interroger les siècles à naître ». La question est posée parce qu'il faut la résoudre – comment vivre sans religion ? –, mais nous démontrerons qu'elle ne peut l'être, car nous ne pouvons faire fond sur aucune temporalité disponible. Nous voici sans histoire et sans recours.

Il s'agit par conséquent de démontrer une aporie et cela permet de comprendre la nature de l'argumentation qui consistera à répertorier *toutes* les issues envisageables pour établir qu'aucune d'entre elles n'est praticable. L'exhaustivité est une contrainte impérative et c'est elle qui organise l'apparent fatras de conjectures dont le lecteur se trouve submergé. Une grande bipartition structure en effet l'ensemble : soit une nouvelle religion se substitue au christianisme, soit, comme nous le verrons plus loin, les lumières se substituent à toute espèce de religion. Chacune de ces éventualités se subdivise à son tour, mais ce sont autant d'impasses qui se découvrent plus méthodiquement qu'il n'y paraît. Cette démarche ressort d'une forme de scepticisme bien particulier, un scepticisme dramatique qui procède d'un véritable jeu de massacres. Qu'aucune issue ne soit praticable, cela signifie en effet que toutes les tentatives de l'époque sont vouées à l'échec, de quelque bord qu'elles viennent – Révolution ou émigration. La solitude de Chateaubriand est théorique autant que matérielle. Convaincu qu'on ne peut identifier ce qui permettrait aux hommes de s'accorder, il ne s'accorde à personne. L'alternative fondamentale témoigne d'ailleurs d'emblée de la distance prise avec la Contre-Révolution. En 1796 (ou 97), Joseph de Maistre publie les *Considérations sur la France* dont le chapitre V affirme le caractère fondateur de la religion et en infère abruptement le choix suivant : « […] tout vrai philosophe doit opter pour ces deux hypothèses, ou qu'il va se former une nouvelle religion, ou que le christianisme sera rajeuni de quelque manière extraordinaire »[1]. Chateaubriand exclut la seconde possibilité, écarte ainsi l'option majeure des Émigrés, et lui substituera celle des Lumières – mais pour l'écarter à son tour.

---

1. *Considérations sur la France*, Londres, s.n., 1797, p. 38.

Venons-en à la première hypothèse qui se ramifie à vrai dire assez obscurément, mais dont nous pouvons regrouper comme suit les principales variantes.

Primo, il faut écarter la possibilité d'un retour du christianisme – du moins est-ce ainsi qu'on peut paradoxalement entendre « Jupiter ne saurait revivre » : il en va du christianisme comme il en alla du polythéisme romain à l'époque de Julien qui s'efforça trop tard de restaurer les dieux de l'Olympe[1]. Ce n'était pas là seulement réfuter Maistre, c'était encore condamner ceux de l'autre bord qui, tel Carnot en 1796, cherchaient à négocier avec Rome pour pacifier la situation religieuse française et qui échouèrent de fait début 97[2]. C'est enfin bien sûr la solution même que Chateaubriand fera sienne en 1802; il reposera alors la question : « S'il est vrai que la religion soit nécessaire aux hommes, comme l'ont cru tous les philosophes, par quel culte veut-on remplacer celui de nos pères ? »[3], mais la réponse sera cette fois sans ambiguïté, tout au bénéfice du christianisme qui sera *ad nauseam* identifié à la civilisation.

Secundo, il faut rejeter les prétentions illuministes. Nous pouvons entendre par là, d'une part, Swedenborg dont les *Arcanes célestes* étaient parus de 1749 à 1756 et à qui Chateaubriand objecte que son élitisme de principe – c'est une théologie de l'inspiration – ne pourra jamais pénétrer les masses. Nous devons entendre, d'autre part, Louis Claude de Saint-Martin dont *L'homme de désir* était paru en 1790 et qui

---

1. *Essai…*, II, 36 ; *op. cit.*, p. 386.

2. F. Furet et D. Richet, *La Révolution française*, Paris, Pluriel-Hachette, s.d., p. 351.

3. *Le génie du christianisme*, part. I, liv. I, chap. 4, Paris, Gallimard, 1978, p. 485.

prophétisait la survenue d'un nouveau messie, l'Homme esprit : Chateaubriand lui oppose au fond la même objection, il se heurtera à l'indifférence du peuple.

Tertio, il faut encore récuser les tentatives rationalistes. D'un côté, le « culte moral » fait songer à la religion jacobine et l'on peut aussi entendre « Jupiter ne saurait revivre » comme la condamnation d'un civisme à l'antique totalement artificiel, celui-là même qui, par le décret du 4 avril 1791, avait fait de l'église Sainte-Geneviève le Panthéon : « [...] le vieux Jupiter, réveillé d'un sommeil de quinze cents ans, dans la poussière d'Olympie, s'étonne de se trouver à Sainte-Geneviève[...] »[1]. Un tel culte est impossible pour autant qu'on doit y adorer de pures abstractions, à commencer par « la *Vérité*, qu'aucun homme ne connaît » ou « la *Raison*, qui n'a jamais séché une larme »[2]. De l'autre côté, c'est la religion naturelle qui, de manière très significative, tombe sous le coup de la même objection que les Illuminés : c'est une doctrine qui, s'appuyant sur des facultés purement rationnelles, se trouve « trop au-dessus de la foule ». Comment mieux renvoyer les deux camps dos à dos ?

Quarto enfin, il reste l'hypothèse de la superstition conquérante. C'est la religion telle que les Lumières l'entendaient cette fois négativement et qu'avait popularisée Voltaire dans *Mahomet ou le fanatisme* (1742) où le christianisme était bien sûr visé. Mais le nouveau rapport des forces militaires induit par l'invention de la poudre autorise à évacuer ce scénario comme l'avait fait Condorcet : « Les peuples policés n'ont plus à craindre les nations barbares, les grandes conquêtes, et les révolutions qui les suivent, sont devenues

---

1. *Essai...*, I, 70 ; *op. cit.*, p. 266.
2. *Le génie du christianisme*, part. I, liv. I, chap. 4 ; *op. cit.*, p. 486.

presque impossibles »[1]. Où l'on voit que l'arsenal des Lumières peut être le bienvenu.

Si nous présumons que religion et société sont indissociables et que celle-ci est condamnée à périr sans celle-là, il faut donc nécessairement en conclure à la catastrophe. Les Révolutionnaires avaient prétendu que la France était à l'avant-garde de la grande révolution des droits de l'homme qui devait conquérir le globe[2]. De son côté, la tradition illuministe affirmait sous la plume de Saint-Martin que les Français pouvaient « être regardés comme le peuple de la nouvelle loi, ainsi que les Hébreux étaient le peuple de la loi ancienne »[3]. Chateaubriand retourne le schème : c'est un *millénarisme négatif*, sans rédemption d'aucune sorte, une pure et simple « dissolution ».

Aucune issue dans cette direction donc. La démonstration serait toutefois incomplète si l'on n'envisageait pas l'« autre hypothèse » qui consiste à disjoindre la religion de la société et à concevoir qu'à terme ce sont les Lumières qui remplaceront avantageusement la religion, toute espèce de religion :

1. Condorcet, *Tableau historique des progrès de l'esprit humain*, Paris, INED, 2004, p. 336 et 434.

2. Voir en 1792 l'introduction de Paine à la seconde partie des *Droits de l'homme*, II, 5, *op. cit.*, p. 185-188.

3. Cité par A.-M. Amiot, « Le rôle de l'illuminisme dans la formation d'une doctrine de régénération politique et sociale au XIXᵉ siècle », dans *Régénération et reconstruction sociale entre 1780 et 1848*, Paris, Vrin, 1978, p. 83. (L'auteur renvoie à l'ouvrage de Saint-Martin intitulé *Lettre à un ami ou considérations politiques, philosophiques et religieuses sur la Révolution française* de 1795 sans préciser l'édition utilisée et je n'ai pu retrouver le texte dans l'édition récente de Nicole Jacques-Lefèvre, Grenoble, Jérôme Millon, 2005).

Autre hypothèse. Ne serait-il pas possible que les peuples atteignissent à un degré de lumières et de connaissances morales suffisant pour n'avoir plus besoin de culte? La découverte de l'imprimerie ne change-t-elle pas à cet égard toutes les anciennes données? Ceci tombe dans le système de perfection que j'examinerai ailleurs; je n'ai qu'un mot à en dire ici.

Lorsqu'on réfléchit que la grande cause qui renouvela si souvent la face du monde ancien a entièrement cessé, que l'irruption des peuples sauvages n'est plus à craindre pour l'Europe, on voit s'ouvrir devant soi un abîme immense de conjectures.

Que deviendront les hommes?

Deux solutions:

Ou les nations, après un amas énorme de lumières, deviendront toutes éclairées, et s'uniront sous un même gouvernement, dans un état de bonheur inaltérable;

Ou, déchirées intérieurement par des révolutions partielles, après de longues guerres civiles et une anarchie affreuse, elles retourneront tour à tour à la barbarie. Durant ces troubles, quelques-unes d'entre elles, moins avancées dans la corruption et les lumières, s'élèveront sur les débris des premières, pour devenir à leur tour la proie de leurs dissensions et de leurs mauvaises mœurs: alors les premières nations tombées dans la barbarie en émergeront de nouveau, et reprendront leur place sur le globe; ainsi de suite dans une révolution sans terme.

Si nous jugeons du futur par le passé, il faut avouer que cette solution convient mieux que l'autre à notre faiblesse; si l'on demandait à présent quels sont les peuples qui se détruiront les premiers, je répondrais ceux qui sont les plus corrompus. Cependant, il y a des chances et des événements incalculables qui peuvent précipiter une nation à sa ruine avant l'époque marquée par la nature. Mais ces visions politiques sont trop incertaines; elles servent tout au plus à satisfaire ce penchant

> de notre âme qui la porte à s'arrêter à des perspectives infinies : puisqu'on ne saurait rien attendre d'utile, cessons d'interroger des siècles à naître, trop loin pour que nous puissions les entendre, et dont la faible voix expire en remontant jusqu'à nous, à travers l'immensité de l'avenir » [1].

La seconde hypothèse est donc celle de la perfectibilité indéfinie, pleinement assumée en 1793 par Condorcet et Godwin. Chateaubriand la nomme avec ses contemporains « le système de perfection » ; il en a déjà fait le procès dans la première partie où il l'attribuait, de son propre aveu paradoxalement, aux partisans de Lycurgue, c'est-à-dire aux Jacobins [2]. Ainsi amalgamait-il tous les partisans de la Révolution sous le drapeau d'un seul « système », lequel commença sans doute seulement sous Thermidor à s'imposer, aux Idéologues comme aux libéraux. L'argument expéditif retenu pour étayer cette hypothèse est l'invention de l'imprimerie, celui-là même que Condorcet avait d'ailleurs avancé en demandant : « Enfin l'invention de l'imprimerie n'a-t-elle pas affranchi l'instruction des peuples de toutes les chaînes politiques et religieuses ? » [3]. Chateaubriand l'avait déjà repris plus haut à son compte : les invasions barbares ne sont plus à craindre et « [...] il serait impossible de calculer jusqu'à quelle hauteur la société peut atteindre, à présent que rien ne se perd [...] » [4].

Cet argument prouve que nous n'avons rien à craindre des révolutions externes, mais prouve-t-il le système de perfection ? Deux nouvelles hypothèses se présentent alors. La

1. *Ibid.*, II, 55 ; *op. cit.*, p. 429-431.
2. *Essai…*, I, 14 ; *op. cit.*, p. 82-83.
3. *Tableau historique*, VIII, *op. cit.*, p. 344.
4. *Essai…*, I, 68 ; *op. cit.*, p. 256.

première, trop cavalièrement présentée pour qu'on la prenne au sérieux, est à proprement parler la perfectibilité indéfinie, c'est-à-dire la promesse d'une victoire mondiale de la raison et de la vertu. La seconde, à laquelle Chateaubriand s'arrête plus longuement parce qu'elle a sa préférence, pourrait être appelée la perfectibilité paradoxale et il l'avait déjà exposée plus haut[1]; elle doit beaucoup au Rousseau du premier *Discours* puisqu'elle rompt la connexion des progrès en désolidarisant celui des lumières d'avec celui des mœurs – on avance cette fois simultanément «dans la corruption et les lumières». De là résulte que chaque nation parcourt une trajectoire cyclique qui n'est pas synchrone avec celle des autres : les unes sombrent quand les autres triomphent, et cela indéfiniment. La «révolution» retrouve son sens astronomique et l'histoire universelle redevient purement nominale puisqu'elle se borne à juxtaposer des «révolutions» indépendantes. Enfin, si cette histoire-là peut être dite «sans terme», ce n'est pas au sens où la perfectibilité est indéfinie, mais au sens où il faut laisser le dernier mot à l'Ecclésiaste, rien de nouveau ne pouvant jamais, par hypothèse, apparaître sous le soleil. On remarquera que si cela s'avérait exact, alors, toujours par hypothèse, Jupiter pourrait et même devrait revivre : l'argumentaire semble ainsi tourner en rond, lui-même pris dans le cercle parfait de l'aporie.

Il faut maintenant trancher. Nous ne nous étonnerons pas de voir d'abord Chateaubriand entériner la seconde option en deux temps. En premier lieu, il faut dire qu'elle bénéficie *de l'expérience* : le passé semble commander une telle inférence car nous avons toujours vu les choses se produire ainsi. Mais

---

1. *Ibid.*, p. 257.

cet argument est, à vrai dire, une simple pétition de principe puisqu'il présuppose que l'histoire ne peut que se répéter, alors que la perfectibilité indéfinie affirme expressément le contraire, à savoir qu'il peut arriver ce qui ne s'était encore jamais produit[1] : c'est donc cette prémisse-là qu'il faudrait, en toute rigueur, invalider. En second lieu, une fois admis que rien de nouveau ne peut advenir, il est aisé de prédire que les nations les plus éclairées, donc les plus corrompues, sont promises à faire naufrage avant les autres – la France au premier chef, triste avant-garde !

La suite est plus remarquable, car Chateaubriand va lui-même détruire ces deux thèses dans l'ordre inverse de leur exposition. En premier lieu, nous ne pouvons en fait pas prévoir quand chaque peuple doit connaître sa chute parce que le hasard, non pas celui du calcul des probabilités mais celui littéralement « incalculable » de la fortune, peut devancer l'issue naturelle des choses. En second lieu, nous ne pouvons même pas assurer que chaque nation doive croître et sombrer car nous ne pouvons rien prédire *du tout* : « ces visions politiques sont trop incertaines ». A ce point, les perspectives auxquelles il nous faut renoncer ne sont pas plus « infinies » au sens euphorique de la perfectibilité selon Condorcet qu'au sens désabusé de la répétition sans terme des cycles nationaux : elles sont infinies au sens effrayant de Pascal, et à « l'immensité des espaces que j'ignore et qui m'ignorent »[2] fait évidemment ici écho « l'immensité de l'avenir ». Que

---

1. Ce que j'ai appelé ailleurs « l'induction utopique » (*La raison sans l'Histoire*, Paris, P.U.F., 2007, chap. 12).

2. *Pensées*, éd. Lafuma, n°68.

l'effroi[1] se reporte ainsi de l'univers infini sur le temps invertébré de l'histoire, cela dit bien que cette dernière, en un peu plus d'un siècle, est devenue l'élément premier de l'homme.

Dans le tumulte révolutionnaire s'abîment ainsi toutes les historicités et Chateaubriand, loin d'occulter la difficulté, l'aiguise jusqu'à en faire l'objet même de sa démonstration. Il n'oscille pas simplement sur la crête qui séparerait «deux régimes d'historicité, l'ancien et le moderne»[2], comme s'il n'en existait que deux. Il examine tous les temps de l'histoire et les rejette tous, au risque de se retrouver, seul, dans un présent sans histoire. Rien d'étonnant alors à ce que le dernier chapitre de l'ouvrage décrive une nuit chez les sauvages américains.

Peut-être peut-on alors dire Chateaubriand plus lucide que Mme de Staël, pour autant qu'il diagnostique mieux l'échec inévitable de la religion naturelle et de ses avatars révolutionnaires. Peut-être aussi peut-on le dire moins perspicace, pour autant qu'il paraît ignorer la force nouvelle que représente «l'opinion publique». Mais qui donc a, dans les années 1790, aperçu que celle-ci avait pour destin de relayer la «doctrine commune»?

---

1. C'est bien le terme employé par Pascal dans le fragment cité («[...] je m'effraye et m'étonne de me trouver ici plutôt que là [...]») et dont Chateaubriand a fait plus haut usage («[...] plus on envisage la question, plus on s'effraie [...]».

2. F. Hartog, *Régimes d'historicité*, Paris, Seuil, 2003, p. 99.

KANT EN 1793 : OPINION PUBLIQUE *VERSUS*
ORTHODOXIE RELIGIEUSE

Kant enseigne à Königsberg, il observe en spectateur, avec le plus grand intérêt, la Révolution française et il intervient en 1793 dans le grand débat qui fait rage alors dans toute l'Europe pensante, celui de la théorie et de la pratique. Depuis Burke, toute la question de la légitimité révolutionnaire se trouve happée dans le prisme de cette alternative très abstraite : faut-il appliquer la théorie à la pratique sans tenir compte de l'existant ou ne faut-il intervenir sur celui-ci qu'avec la plus grande prudence et spéculer dans le respect de la pratique[1] ? Alors que beaucoup de ses compatriotes se détournent d'une Révolution dont la violence les rebute, Kant se prononce sans ambages : ce qui vaut en théorie vaut en pratique. Et c'est dans ce contexte très général qu'il est conduit à rencontrer le problème de la religion d'État :

> Mais le principe général selon lequel un peuple doit juger *négativement* de son droit, c'est-à-dire uniquement de ce qui pourrait être considéré comme n'étant pas ordonné par la législation suprême avec la meilleure volonté, est impliqué dans la proposition suivante : *ce qu'un peuple ne peut décider à son propre sujet, le législateur ne peut non plus le décider concernant le peuple.*
>
> Donc, si la question se pose de savoir si une loi qui ordonnerait de considérer comme définitive, une fois établie, une organisation ecclésiastique déterminée, peut être considérée comme émanant de la volonté propre du législateur (de son intention), que l'on commence par se demander si un

---

1. D. Losurdo, *Autocensure et compromis dans la pensée politique de Kant*, trad. J.-M. Buée, Lille, Presses Universitaires de Lille, 1993, p. 153-166. Voir *supra*, p. 80, note 3.

peuple est *fondé* à s'imposer une loi prescrivant que certains articles de foi et certaines formes extérieures de la religion seront définitivement établis une fois admis, donc s'il est fondé à s'interdire à lui-même en sa postérité tout progrès ultérieur en matière de lumières religieuses et toute correction d'éventuelles erreurs anciennes. On verra alors clairement qu'un contrat originaire du peuple qui produirait une telle loi serait en lui-même nul et non avenu parce qu'il serait contraire à la destination et aux fins de l'humanité ; par conséquent, une loi en ce sens ne peut être considérée comme la volonté véritable du monarque et on pourrait lui faire des représentations contraires. – Mais dans tous les cas, quelle que soit la décision de la législation supérieure, elle pourrait bien être l'objet de jugements généraux et publics, mais on ne saurait déployer contre elle de résistance en paroles ou en actes [1].

La structure même de l'argumentation est significative : la théorie (le principe) d'abord, la pratique ensuite. On démontre donc avant tout que la théorie s'applique à la pratique, et qu'elle s'y applique facilement : dès lors que l'on dispose du bon principe, les problèmes qui pourraient sembler les plus épineux se résolvent aussi aisément que ceux qui ont trait à la morale dans la métaphysique des mœurs. Mais il se trouve que l'exemple choisi fait intervenir à la fois la vieille question théologico-politique, celle qui ne l'est pas moins du droit de résistance, et celle qui l'est beaucoup moins de l'opinion publique.

Pour comprendre comment s'articulent ici les trois problèmes, il faut se souvenir de ce que Kant condamne

---

1. *Sur l'expression courante : il se peut que ce soit juste en théorie, mais en pratique cela ne vaut rien*, II, Ak., VIII, 304-305 ; trad. L. Guillermit modifiée, Paris, Vrin, 1980.

vigoureusement tout droit de résistance « en paroles ou en actes » quand, au contraire, l'article 35 de la Déclaration de 93 l'affirme en des termes dont l'on aime aujourd'hui à se souvenir pour faire droit à sa colère[1]. Ce refus tient au fait que le contrat social est « un *devoir* inconditionné et premier »[2]. Or cette assertion est hautement paradoxale au regard de la tradition contractualiste pour laquelle l'entrée dans la société civile procédait avant tout d'une *nécessité vitale* et non d'un devoir : n'est-ce donc pas pour rester en vie, voire pour jouir à son aise de l'existence, que l'on s'associe aux autres en un corps politique[3] ? Comment peut-on en faire une obligation morale ? Il semble que la réponse soit la suivante : l'état de nature, entendu à la manière hobbesienne comme un état de violence nue, est un état où personne n'est assuré de faire « ce qui lui semble juste et bon » indépendamment de l'opinion d'autrui[4]. L'arrachement à l'état de nature n'est donc pas dicté par le principe de conservation (il n'a pas pour objet le bonheur), mais par l'obligation d'agir conformément à la loi morale : pour pouvoir obéir à soi-même, il faut d'abord être à l'abri de l'arbitraire d'autrui. L'état de violence originelle est un état d'hétéronomie maximale et l'existence d'un ordre civil est une condition nécessaire, quoique non suffisante, à l'exercice de l'autonomie. Il faut commencer par se soustraire aux inclinations d'autrui pour pouvoir combattre les siennes. De là s'ensuit que ledit ordre, si épouvantable soit-il, se

---

1. « Quand le gouvernement viole les droits du peuple, l'insurrection est pour le peuple, et pour chaque portion du peuple, le plus sacré des droits et le plus indispensable des devoirs ».

2. *Sur l'expression...*, II, *op. cit.*, Ak, VIII, 289 ; je souligne.

3. Hobbes, *Éléments de la loi naturelle et politique*, part. II, chap. 5, § 1.

4. *Doctrine du droit*, § 44, Ak, VI, 312.

présente toujours comme un moindre désordre et qu'y obéir devient un devoir inconditionnel – en contradiction totale avec, par exemple, ce qu'avait pu écrire Locke quand il affirmait qu'un pouvoir absolu et arbitraire était illégitime car il était « une condition pire que l'état de nature » [1].

La législation suprême a donc toujours le droit de prendre les mesures qu'elle prend. Mais Kant se souvient ici de la disjonction effectuée par Rousseau au sujet de la volonté générale : toujours droite, elle peut se tromper [2]; de même ici, on doit présumer que le souverain ne peut pas vouloir commettre d'injustice et que s'il en commet de fait une, c'est par erreur. Si l'on ne peut lui désobéir, on peut donc et l'on doit néanmoins s'efforcer de le détromper [3]. C'est ici que s'ouvre l'espace d'une régulation du pouvoir par l'imprimé qui se superpose exactement à celui que la tradition accordait au « conseil ». L'opinion publique apparaît comme ce qui doit éclairer le despote, elle se diffuse verticalement, non des écrivains vers le peuple, mais des écrivains vers le souverain.

Il demeure que le droit de remontrance ainsi établi doit évidemment être encadré, sans quoi il justifierait n'importe quelle insolence. Le principe qui le réglera est stipulé ici à la manière kantienne, comme une simple « pierre de touche » qui suffit à trancher les litiges les plus délicats, un « étalon infaillible » [4] qui fait nécessairement songer au « compas » de la loi morale ou au « criterium d'usage facile » qui règle les rapports de la morale et de la politique quand il s'agit de paix

---

1. *Second Traité du gouvernement civil*, § 137.
2. *Du contrat social*, II, 3.
3. *Sur l'expression…*, II, *op. cit.*, Ak, VIII, 304.
4. *Ibid.* Ak, VIII, 297 et 299.

perpétuelle [1]. En l'occurrence, le principe est *négatif* : il ne dit pas ce que doit décider le souverain, mais ce qu'il ne doit pas décider. Il est aussi *conditionnel* : il ne dit pas que c'est au peuple de se prononcer, mais que le souverain a à se demander comment se prononcerait le peuple s'il se prononçait raisonnablement, c'est-à-dire en tenant compte, directement ou non, de l'exigence inconditionnelle d'autonomie que doit satisfaire chacun. Ainsi le contrat est-il réduit à la fonction d'un critère et la souveraineté populaire à une souveraineté négative virtuelle. Ce que Kant nomme « l'idée du contrat originaire », c'est au fond une sorte de référendum imaginaire permanent où l'on se garde bien de consulter le peuple réel, l'euphémisation du contrat révolutionnaire.

Que ce principe soit d'un usage très simple, imperméable aux arguties-alibis des casuistes, cela se prouve par l'exemple. A vrai dire, celui-ci n'est pas un exemple parmi d'autres, il concerne l'actualité prussienne la plus brûlante, à savoir les fameux édits que Wöllner, ministre du budget et de la justice, avait fait passer en juillet 1788 (édit de religion) et en décembre 1789 (édit de censure) [2] et dont Kant lui-même fait les frais après la publication de *La religion dans les limites de la simple raison* (1793). C'est la question du droit de l'État à imposer une orthodoxie religieuse.

Méthodiquement, Kant va reformuler la question pour la faire coïncider avec le principe initial. Rendre obligatoire une religion, c'est ici la rendre « définitive », l'établir comme devant durer indéfiniment [*beständig fortdauernd*]. Le temps

---

1. *Fondements de la métaphysique des mœurs*, sct. I, Ak, IV, 404. *Vers la paix perpétuelle*, appendice II, Ak, VIII, 381.
2. H. Brunschwig, *Société et romantisme en Prusse au XVIIIᵉ siècle*, Paris, Flammarion, 1973, p. 265.

se trouve ainsi introduit dans le problème et on comprend pourquoi à l'étape suivante : il faut en effet maintenant demander si un peuple pourrait – à supposer qu'on le lui demande, ce qui n'est pas à l'ordre du jour – raisonnablement s'imposer des dogmes et des rites « définitifs » (destinés à devoir toujours subsister [*immer bleiben sollen*]. La solution se présente alors d'elle-même : une telle prescription est impossible pour autant que la perfectibilité se comprend comme une obligation morale. Thèse étrange pour un Français, elle est assez évidente pour un protestant prussien : l'*Aufklärung* est essentiellement pronominale, c'est d'abord un devoir, celui de se perfectionner soi-même, de se rapprocher d'un modèle préétabli de perfection : « Vous donc, vous serez parfaits comme votre Père céleste est parfait » (Matthieu, V, 48) ; réciproquement, ne pas progresser est une faute qui a pour causes la paresse et la lâcheté[1]. Or, si nous avons le devoir de nous perfectionner, nous ne pouvons prendre des engagements qui nous interdisent *a priori* de le faire. C'est pourquoi une telle religion d'État est incompatible avec l'idée du contrat originaire. CQFD.

Cet argument avait déjà été employé par Kant en 1784 dans la fameuse *Réponse à la question : qu'est-ce que les Lumières ?*[2] et le sera à nouveau en 1797 dans la *Doctrine du droit*[3]. Il est évidemment périlleux parce qu'il ruine potentiellement *toute institution* en tant qu'elle a pour fonction de durer et le principe même de l'association civile : pourquoi en effet l'obligation de progrès n'emporterait-elle pas l'État avec l'Église ? Après tout, c'est la conséquence qu'en tire Fichte la

---

1. *Réponse à la question : qu'est-ce que les Lumières ?*, Ak, VIII, 35.
2. *Ibid.*, Ak, VIII, 39.
3. *Doctrine du droit*, § 49, sct. C, *op. cit.*, Ak, VI, 327-328.

même année lorsqu'il déclare que « la clause qui déclarerait le contrat social immuable serait donc en contradiction flagrante avec l'esprit même de l'humanité », c'est-à-dire avec « le privilège de se perfectionner à l'infini », de sorte que nous avons le droit et le devoir de changer la constitution politique[1]. En faisant un pas de plus, Erhard se trouve logiquement conduit à déclarer qu'il faut invalider *le concept même* de contrat social : « Si le gouvernement existe en vertu d'un contrat, quel qu'il soit, on n'est pas autorisé à le changer », donc il se fonde autrement[2]. Et c'est en s'aventurant au terme de cette ligne argumentative qu'en Angleterre Godwin rejette tout contrat social en rejetant *toute promesse* : promettre, c'est toujours s'engager à ne pas réviser son jugement, donc à ne pas progresser ; le seul motif d'obligation, c'est alors la conscience que nous avons de contribuer au bonheur de l'humanité, conscience qui se modifie en fonction de l'état de nos connaissances[3]. Difficile de faire la part du feu, de contenir les pouvoirs corrosifs de la critique : la perfectibilité indéfinie, c'est aussi la destruction illimitée !

Pour en revenir à Kant, si le législateur prenait des mesures visant à imposer une orthodoxie, nous devrions présumer que, malgré sa volonté de bien faire, il se trompe. Bien sûr, cela ne nous autoriserait pas à refuser d'obéir puisque ce serait là rompre le lien civil et régresser à l'état de la plus grande immoralité : non seulement la résistance en actes, mais

---

1. *Considérations destinées à rectifier les jugements du public sur la Révolution française*, chap. 1, trad. fr. Barni, Paris, Payot, 1974, p. 126.

2. Lettre à Forberg du 1er décembre 1794, trad. J.C. Berger et A. Perrinjaquet dans *Du droit du peuple à faire la révolution et autres écrits de philosophie politique*, Lausanne, L'âge d'homme, 1993, p. 267.

3. *Enquiry Concerning Political Justice*, *op. cit.*, III, 3.

aussi la résistance en paroles, c'est-à-dire l'exhortation à la résistance[1], se trouvent catégoriquement exclues. Mais cela nous autoriserait à expliquer au monarque, par les voies de l'argumentation publique, qu'il se trompe. C'est ici que nous voyons au mieux comment l'opinion, entendue comme opinions rationnellement et publiquement justifiées, se loge dans l'espace ouvert par le refoulement de l'orthodoxie, de toute orthodoxie, même profane. Et quand celle-ci s'identifie tendanciellement à l'immobilisme, celle-là se déploie dans le temps du perfectionnement indéfini. Deux options incompatibles pour réfléchir le lien civil, à chacune desquelles correspond donc une historicité spécifique. L'une l'a emporté historiquement sur l'autre pour autant qu'elle paraissait accomplir les promesses inscrites dans le sens fort de la tolérance, lequel avait déçu en donnant lieu à la reconstitution de divers credos. L'opinion publique apparaît alors comme l'*Aufhebung* de la tolérance, sa suppression et sa vérité, ce qui la nie en la portant à ses virtualités les plus hautes.

---

1. Voir ce que disait Montesquieu des paroles qui peuvent être légitimement condamnées parce qu'elles sont «jointes à une action» répréhensible, ainsi quand on appelle publiquement ses concitoyens à la révolte (*De l'esprit des lois*, XII, 12).

Deuxième partie

LES ÉQUIVOQUES DE L'OPINION PUBLIQUE

Chapitre IV

LES AÏEUX

Il ne suffit pas de montrer comment l'on peut aller de la tolérance à l'opinion publique ; il faut encore établir comment celle-ci est empiriquement apparue, c'est-à-dire à la fois comment elle a acquis le *sens* d'une confrontation réglée des opinions individuelles, et comment elle a acquis le *statut* d'un concept, de telle sorte qu'elle a pu répondre aux défis induits par l'injonction héroïque, sinon chimérique, d'une vie commune dépourvue de foi commune. Ce sont là, en effet, deux choses distinctes : la stratification des sens, le changement de statut. Un mot peut conserver le même sens tout en assurant une fonction discursive nouvelle, il peut au contraire occuper la même fonction et changer de sens. Recenser et démarquer ces statuts n'est pas chose facile, mais c'est pourtant l'impératif de toute philologie philosophique. Il faut donc s'y essayer, en amateur inquiet plus qu'en savant convaincu.

Estime publique, confiance publique, voix publique

Dans la première moitié du XVIIIe siècle, « opinion publique » se dit le plus souvent du jugement moral, fondé ou non, que porte la communauté sur les actes de ceux qui la composent. C'est par exemple en ce sens que l'abbé Prévost écrit en 1731 : « La médisance n'avait pas manqué de donner un tour malin à tant d'entrevues secrètes. Peut-être que la princesse eût compté le bruit pour rien, si l'effet eût répondu à l'opinion du public [...] »[1] ; il entend par là *l'estime publique*, mais il est à noter que c'est la seule occurrence dans cet énorme roman qu'est *Cleveland* dont la publication s'étale sur les années 1731-1739, indice sans doute de ce que le syntagme « opinion publique » n'est pas encore d'usage très courant. Prévost emploiera celui-ci à deux reprises quelques années plus tard, en 1745, dans les *Mémoires d'un honnête homme*, en lui conférant toujours le même sens[2].

En s'exprimant ainsi, le romancier s'inscrivait dans une longue histoire qui remonte à Montaigne déclarant dans les *Essais* : « C'est cette recette de quoi Platon entreprend de chasser les amours dénaturées de son temps, qu'il estime souveraine et principale : à savoir que l'opinion publique les condamne, que les poètes, que chacun en fasse de mauvais contes »[3]. Quand le même Montaigne en parlait ailleurs, c'était au sens plus général de « lieux communs », d'opinions « par autorité ou à crédit »[4]. La condamnation de la pédérastie ressort de ce jugement collectif dont l'efficacité est

1. *Cleveland*, livre VI, Paris, Desjonquères, 2003, p. 551.

2. « [...] il n'y a jamais le moindre fond à faire sur la bonne ou mauvaise renommée, ni sur tous les jugements dont l'opinion publique se compose par degré », *Mémoires d'un honnête homme*, livre I, Vijon, Lampsaque, 1999, p. 31. Voir aussi p. 99 : « Cependant je trouvais dans sa réponse un air d'incertitude qui marquait à quel point l'opinion publique était déclarée contre Madame de B... ».

3. *Essais*, I, 23, éd. Tournon, Paris, Imprimerie Nationale, 1998, t. I, p. 211.

4. *Essais*, II, 17, t. II, p. 484 et *Essais*, III, 12, t. III, p. 383 et 412.

remarquable. Durant tout le XVIIᵉ siècle, l'opinion publique aura ainsi, en France au moins, à voir avec la *réputation* de chacun et Jean de Lartigue évoquera significativement à propos de la noblesse « cette opinion ou réputation publique ». Sans doute est-ce alors la renommée *du prince* qui représente le point précis de jonction entre la morale et la politique : c'est là que l'approbation du peuple rencontre la gloire du souverain et soutient l'autorité de celui-ci peut-être plus efficacement que la force de la loi, peut-être plus efficacement aussi que la crainte des tourments éternels [1]. L'analyse effectuée par Locke au livre II de l'*Essai sur l'entendement humain* (chap. 28, § 7-13) ne fait rien d'autre que d'articuler ces trois modes de contrainte : l'« estime publique » est l'autre nom de la « loi d'opinion ou de réputation » qui a pour objet la distinction du vice et de la vertu, qui procède d'un accord tacite et qui s'exécute par l'éloge ou le blâme. Elle se distingue de la loi divine et de la loi civile auxquelles correspondent respectivement des objets, des sources et des sanctions spécifiques : la loi divine, qui procède de Dieu comme son nom l'indique, condamne le pécheur par la mort éternelle ; mise en œuvre par le magistrat, la loi civile réprime le criminel au moyen du châtiment judiciaire. Lors de la querelle des Anciens et des Modernes, « l'opinion publique » signifiera encore l'estime que fait le public d'un auteur et le problème sera de savoir si la réputation qui a lui a été faite au cours des siècles est un critère recevable – en 1787, Marmontel dira suggestivement le « goût dominant du public » [2].

1. J.A.W. Gunn, *Queen of the World…*, *op. cit.*, chap. I (la citation de Lartigue se trouve p. 31). Voir *supra*, chap. I, p. 26 et chap. II, p. 67.

2. *Ibid.*, p. 100-111. M. Poirson, « Multitude en rumeur : des suffrages du public aux assises du spectateur », *Dix-huitième siècle*, n° 41, 2009, p. 242.

Prévost s'inscrit bien dans ce sillage, même si, au contraire de Locke mais comme bien d'autres au siècle précédent, il conçoit l'opinion publique comme une puissance tyrannique[1] et toujours erronée. Et même si c'est un tyran dont le pouvoir réel de contrainte doit être revu à la baisse :

> Je n'aurais pas voulu confier ma bourse à celui qui ne connaissait aucun frein moral, ni dormir dans le même lit; parce que la probité qui n'a pas ses fondements dans le cœur ne porte que sur la crainte de l'infamie, dont l'adresse peut se mettre à couvert, ou sur une heureuse disposition du tempérament, que la moindre maladie peut altérer[2].

L'opinion-estime publique se caractérise donc comme un frein social dont il y a lieu d'une part de mesurer l'efficace, d'autre part d'interroger la justice. Il est tout à fait frappant de constater qu'un demi-siècle plus tard, Mme de Staël, dans *Delphine* (1802), mettra en œuvre une terminologie qui semble tout à fait immuable : l'opinion publique, nommée aussi « malveillance publique » ou « censure publique » (lointain mais bien réel écho de la censure romaine)[3], y est toujours étroitement identifiée à la réputation, à l'honneur et à la gloire; c'est celle qui est faite par des esprits médiocres aux hommes, mais surtout aux femmes, lesquelles sont censées la ménager avec le plus grand scrupule et y sacrifier leurs sentiments véritables; et c'est celle dont Constant dit, en commentant Mme de Staël : « […] cet esclavage de l'opinion, qu'on peut

---

1. *Mémoires d'un honnête homme*, livre II, *op. cit.*, p. 168 : « Le public est un tyran ».
2. *Ibid.*, liv. I, p. 56.
3. Voir C. Nicolet, *Le métier de citoyen dans la Rome républicaine*, Paris, Gallimard, 1976, chap. 2.

bien regarder comme la pire de toutes les servitudes »[1]. Quant à *Corinne ou l'Italie* (1807), ce sera l'histoire de la confrontation d'un pays sans opinion publique (l'Italie) à un pays où elle est toute puissante (l'Angleterre)[2]. Ce qui a changé, c'est d'abord que le syntagme lui-même est très fréquent, c'est ensuite qu'il s'agit maintenant de dénoncer le sort fait aux femmes, c'est enfin que cette opinion publique-là cohabite étrangement avec celle dont Mme de Staël fait l'apologie dans ses écrits politiques[3].

Le 22 mai 1674, c'est autre chose que désigne Colbert en s'adressant à Louis XIV :

> De toutes les propositions que j'avais faites à votre Majesté pour cultiver le crédit, qui consiste en l'opinion du public sur le bon état de ses finances, je n'ai osé hasarder l'offre du remboursement des anciennes et nouvelles augmentations des gages et des rentes sur la ville au denier 15, parce que j'aurais craint que cette offre n'eût pas produit l'effet pour lequel elle était faite[4].

Il s'agit ici de la *confiance publique* dans les finances royales, confiance indispensable puisque son retrait entraînerait la banqueroute : le crédit n'est possible que si le créancier est persuadé qu'il pourra recouvrer ses capitaux dans les

---

1. *Delphine*, Paris, Garnier-Flammarion, 2000 : t. I, p. 98, 159, 243, 425, 427 ; t. II, p. 112, 271, 300, 381.

2. *Corinne ou l'Italie*, Paris, Gallimard, 1985, p. 153, 162-163, 291, 380, 400, 561.

3. Voir *supra*, chap. III, p. 76-86 et *infra*, chap. V, p. 160-163.

4. *Lettres, instructions et mémoires de Colbert*, Paris, Imprimerie Impériale, t. II, vol. 1, 1863, p. CCXLII. Sur ce problème, voir le précieux article de Thomas E. Kaiser, « Money, Despotism and Public Opinion in Early Eighteenth-Century France : John Law and the Debate on Royal Credit », *Journal of Modern History*, LXIII, 1 (1991), p. 1-28.

conditions prévues : « le crédit du roi, c'est-à-dire la confiance publique » écrira Law en 1720[1]. C'est sans doute Law encore qui déclarera peu après : « Tout avait été préparé avec beaucoup d'art et de succès pour disposer l'opinion publique à se prêter à ce qu'on lui présenterait »[2]. Disposer l'opinion publique – dans ce corpus également, le syntagme semble *de facto* très rare –, c'est inspirer la confiance de l'actionnaire car pour échanger du métal contre du papier, il faut être assuré de pouvoir récupérer sa mise avec intérêt. L'opinion publique est « l'opinion des peuples » ou encore le « sentiment public »[3] : cela signifie qu'elle n'est précisément pas raison et il y a alors bien lieu de déplorer que la santé financière du royaume s'appuie sur ce qui, inconstant par nature, risque sans cesse de s'évanouir ; il lui faudrait jouir d'un étai plus ferme : « Les Français ont été trop longtemps gouvernés par opinion, il est du bien de l'État et de la gloire de S.A.R. qu'ils soient traités comme des hommes et gouvernés par raison et par principes »[4]. La conséquence qu'il faut en tirer, c'est que la raison non publique du théoricien doit pénétrer le sentiment des peuples, doit devenir opinion publique : « [...] de sorte que la vérité ou la raison contre laquelle on a d'abord allégué le sentiment public devient elle-même peu à peu le sentiment public »[5]. Mais quels moyens adopter à cette fin ? La réponse est double : « Les principes, encore peu connus, ont gouverné les opinions. Que sera-ce quand ils seront manifestés, je ne dis point par des écrits mais par des effets, qui seuls peuvent

---

1. *Œuvres complètes*, Paris, Sirey, 1934, t. II, p. 104.
2. *Ibid.*, t. III, p. 346 (l'attribution du texte est incertaine).
3. *Ibid.*, t. II, p. 318 et t. III, p. 106.
4. *Ibid.*, t. II, p. 320.
5. *Ibid.*, t. III, p. 106.

éclairer le peuple [...]»[1]. Pour une part donc, la raison l'emporte par sa puissance intrinsèque de conviction et prend possession des «esprits supérieurs» – c'est ainsi, prétend Law, qu'a triomphé le cartésianisme; pour une autre part, elle s'impose par le fait, c'est-à-dire par les bénéfices qu'elle assure aux particuliers comme à l'État, et c'est seulement ainsi qu'elle convainc le «peuple», soit les esprits par hypothèse mal dégrossis, incapables d'appréhender la vérité nue des principes, mais qu'il faut bien persuader si l'on veut qu'ils se lancent dans la grande aventure du Système.

C'est cette même acception que l'on retrouve dans les années 1770 lorsqu'il s'agira de rétablir la confiance dans la Compagnie française des Indes. On a récemment montré[2] que Raynal, l'auteur de l'*Histoire de la Compagnie des deux Indes*, avait pour objectif majeur de préconiser une gestion relativement indépendante de la Compagnie afin que les actionnaires potentiels puissent investir sans avoir à craindre les à-coups de l'arbitraire monarchique. Comme d'Aguesseau l'avait déjà soutenu dans un mémoire de 1719, le prix de l'action est en effet indexé sur «l'opinion» ou «l'imagination des hommes», laquelle n'est pas elle-même mécaniquement solidaire des fonds de l'entreprise dans laquelle on investit[3]; Raynal ne dit pas autre chose quand il écrit: «Ces détails démontrèrent que le dividende et la valeur de l'action qui s'y

1. *Ibid.*, t. III, p. 107.
2. K. Ohji, «Représentation politique, opinion publique et crédit: les réformes de la Compagnie des Indes et de la monarchie française selon Raynal et Necker», inédit.
3. «Mémoire sur le commerce des actions de la Compagnie des Indes», dans *Œuvres de M. le Chancelier d'Aguesseau*, Paris, Chez les libraires associés, 1777, t. X, art. III, § 5, p. 196.

proportionnait toujours étaient nécessairement assujettis au hasard du commerce et au flux et reflux de l'opinion publique »[1]. Ce sera encore cet usage que nous rencontrerons chez Mme de Staël, en 1818, dans les *Considérations sur la Révolution française*, quand elle définira le crédit comme « l'opinion appliquée aux affaires de finances »[2]. Digne fille de Necker, elle en infèrera que le crédit est solidaire du gouvernement représentatif :

> C'est le besoin du crédit qui oblige les gouvernements à ménager l'opinion publique ; et, de même que le commerce a civilisé les nations, le crédit, qui en est une conséquence, a rendu nécessaire des formes constitutionnelles quelconques, pour assurer la publicité dans les finances, et garantir les engagements contractés[3].

Telle est « la confiance des capitalistes » dont la Grande-Bretagne a su admirablement se prévaloir, ce qui lui a conféré des « moyens sans bornes, tandis que le gouvernement français ne possédait que l'or qu'il tenait entre ses mains »[4]. L'opinion publique comme ce qu'il s'agit sans cesse de rassurer pour garantir les mécanismes de l'emprunt et de l'investissement, ce n'est pas l'estime publique comme censure morale, mais l'une comme l'autre continuent d'irriguer notre quotidien, pour le pire sans doute plus que pour le meilleur.

---

1. Raynal, *Histoire des deux Indes*, Amsterdam, 1770, liv. IV, t. II, p. 113.
2. *Considérations sur la Révolution française*, Paris, Tallandier, 1983, p. 79.
3. *Ibid.*, p. 90.
4. *Ibid.*, p. 198 et 524.

Durant les années 1739-1750 où il rédige ses *Mémoires*, Saint-Simon parle beaucoup d'opinion publique. C'est bien souvent pour évoquer l'importance de la réputation : « Mme de Maintenon n'aimait pas Monsieur : elle le craignait, il lui rendait peu de devoirs, et, avec toute sa timidité et sa plus que déférence, il lui était échappé des traits sur elle plus d'une fois avec le roi, qui marquaient son mépris, et la honte qu'il avait de l'opinion publique »[1]. Pour signifier la confiance impudente autant qu'imprudente des actionnaires du temps de Law, il revient à la *fides* latine : « Ensuite il proposa que, comme il y avait plusieurs particuliers qui avaient mis tout leur bien dans les actions sur la foi publique, il n'était pas juste que, par la dette immense de la Compagnie envers le roi, ils se trouvassent ruinés, […] »[2]. Mais l'objet même des *Mémoires* se définit ailleurs :

> Je me garde bien ici de prétendre décider rien : mon état laïque et la nature de ces *Mémoires*, purement historiques, ne le pourraient souffrir. Mais je rapporte avec la plus fidèle exactitude quelle fut l'opinion générale et transcendante du monde laïque et ecclésiastique du vivant et après la mort du roi, et je m'y arrête d'autant plus volontiers, qu'outre que ce fait est trop marqué pour ne le pas rapporter, il prouve avec la dernière évidence le cas qu'on doit faire, en choses d'opinion et de religion, de ce que la cour appuie ouvertement, jusqu'à y mettre toute son autorité et son honneur, et à y déployer toute sa puissance et sa violence, par conséquent le cas qu'on doit faire du grand nombre […][3].

1. *Mémoires*, Paris, Gallimard, 1982…, t. II, p. 8.
2. *Ibid.*, t. VII, p. 736.
3. *Ibid.*, t. V, p. 650.

Cette « opinion générale et transcendante » que les Grands et le Roi n'ont jamais pu ignorer sans danger, Saint-Simon l'appelle indifféremment « opinion publique », « opinion commune » ou « opinion du monde », mais aussi « folie » ou « sottise publique »[1] – ce public dont « le plus grand nombre » se constitue des « têtes communes »[2]. Par là, il ne faut pas seulement entendre les deux usages qui viennent d'être rappelés, mais aussi les murmures perpétuels qui commentent l'actualité, s'efforçant de la décrypter plus ou moins heureusement. Ainsi en 1718, l'ambassadeur de Sicile à Madrid, l'abbé Del Maro « soupçonnait depuis longtemps la cour d'Espagne de former des desseins sur ce royaume [la Sicile], et il persista toujours dans sa pensée, quoique l'opinion publique fût que la destination de la flotte fût pour Naples »[3]. De même, l'« opinion publique était fondée sur les traitements distingués et les marques de confiance que Nancré recevait d'Albéroni, et, comme l'Empereur avait accepté le traité, on jugeait que le roi d'Espagne ne voudrait pas s'engager à soutenir seul la guerre contre la France et contre les autres puissances principales de l'Europe »[4]. De même encore, « [...] l'opinion publique était que les ministres allemands ne faisaient ces démonstrations que pour satisfaire par des apparences les ministres de Savoie [...] »[5]. Pour employer une expression de Saint-Simon lui-même, telle est la *voix publique*[6], l'opinion

---

1. *Mémoires*, *op. cit.*, t. IV, p. 457 (« folie publique ») et t. V, p. 442 (« sottise publique »).
2. *Ibid.*, t. IV, p. 845.
3. *Ibid.*, t. VI, p. 710.
4. *Ibid.*, t. VI, p. 773.
5. *Ibid.*, t. VII, p. 56.
6. *Ibid.*, t. IV, p. 221 et 835.

concernant les événements en cours. Elle ne loue ni ne condamne, elle n'évalue pas les risques d'un prêt, elle suppute et rapporte ce qui, dit-on, se passe.

OPINION PUBLIQUE ET OPINION TOUT COURT

Estime publique, confiance publique, voix publique : voici sans doute les trois déclinaisons majeures de l'opinion publique, en France, dans la première moitié du XVIIIe siècle, voire au-delà jusque vers 1770[1]. La question est maintenant de savoir si ces observations nous autorisent à dire qu'à cette époque l'opinion publique *fait concept*. Et elle est fort épineuse car nous ne disposons pas de critères consensuels qui nous permettraient, sinon de définir, au moins de reconnaître à coup sûr un « concept », les marques qui permettraient d'accorder, dans un corpus donné, à une entité linguistique donnée, la fonction de « concept ».

Dans le cas présent, nous éprouvons naturellement quelque réticence à accorder un tel statut à « l'opinion publique ». Cela vient d'abord de ce que nous avons affaire à trois usages sensiblement distincts : censurer un acte individuel, confier des capitaux à un entrepreneur, déchiffrer l'actualité. Cela vient ensuite de ce qu'il ne semble pas que le syntagme soit très courant – tout au plus peut-on dire qu'il se répand au fur et à mesure que le siècle s'avance. Cela vient enfin de ce que ceux qui la mentionnent ne paraissent jamais soucieux de la définir : quand ils l'utilisent, c'est toujours comme en passant, *pour penser autre chose qu'elle* – l'ordre social, la

---

1. Baker, « Politique et opinion publique sous l'ancien régime », art. cit., p. 56. L. Höscher propose pour l'Allemagne une scansion très proche avec la guerre de Sept ans. (« Öffentlichkeit », art. cit., p. 448).

fluctuation des prix, les calculs courtisans. Équivocité, rareté, transitivité se présentent alors comme trois signes négatifs possibles. Peut-on donc parler de l'opinion publique comme d'un concept si l'on n'en parle guère, si on ne lui confère pas le même sens et si on ne se demande pas quel sens lui conférer quand on en parle? Les trois points sont évidemment liés car moins un terme est fréquent, moins l'usage se trouve à même d'en stabiliser le sens et moins on éprouve le besoin de le stabiliser réflexivement dans une définition. *A contrario*, nous pourrions avancer que le concept se reconnaît à ce que, pour l'appréhender, il faut une *mémoire terminologique*[1]. Cela signifie qu'il faut se souvenir de ce que le terme signifiait dans les occurrences précédemment rencontrées, mémoire favorisée par l'abondance et la stabilité de ces dernières comme par l'énoncé exprès du sens – pour autant bien sûr que les usages effectifs ne contredisent pas la définition comme il arrive assez souvent. En considérant les choses ainsi, il faut dire qu'il n'existe pas de concept d'«opinion publique» en France avant, au mieux, l'*Encyclopédie*. Et il n'en existe pas non plus en Grande-Bretagne ou en Allemagne, où l'on semble parler encore moins de *public opinion*[2] ou d'*öffentliche Meinung*. Remarquable à cet égard est le témoignage de Georg Förster en 1793 :

> […] comme il n'y pas d'esprit commun [*Gemeingeist*] allemand, il n'y pas non plus d'opinion publique allemande. Même ces mots sont pour nous si nouveaux et si étrangers que

---

1. Je reprends l'intuition à Jean-Pierre Lefebvre qui l'avait lancée lors d'une discussion ayant pour objet sa traduction de *L'interprétation des rêves…* et qui s'y connaît mieux que personne en tout ce qui concerne les mots !

2. L'édition 1989 de l'*Oxford English Dictionary* donne une occurrence chez Bolingbroke en 1735 (t. X, p. 859a).

chacun en réclame explications et définitions, tandis qu'aucun Anglais quand il est question de *public spirit*, aucun Français quand il est question d'*opinion publique* [en français dans le texte], ne comprend de travers son interlocuteur [1].

Certainement, l'hypothèse ainsi formulée s'expose à trois grandes objections. La première consiste à arguer de ce que le concept est *dissociable* du signifiant et qu'il faut donc bien se garder de fétichiser celui-ci : qu'importe qu'on ait le mot pourvu qu'on ait l'idée ! Mais en procédant ainsi, on ouvre d'abord la porte à tous les débordements – pourquoi alors ne pas parler de « perfectibilité » chez Augustin ou de « biologie » chez Descartes ? Ensuite, on oublie qu'un signifiant ne permute jamais exactement avec un autre pour autant qu'il est inscrit dans la langue. La seconde objection fera état du caractère *arbitraire* des échantillons retenus dont rien ne garantit le caractère représentatif : comment dire qu'un mot est rare ou équivoque ou jamais défini, à une époque donnée, sur la base d'un si maigre corpus ? À quoi il n'y a rien à répondre sinon qu'il faut bien avancer, à coups de sonde et de conjectures, et qu'au demeurant les deux grandes études de Hölscher et de Gunn ne paraissent pas infirmer les présentes hypothèses [2]. La troisième objection, enfin, portera sur la nature des *critères* suggérés. D'une part, ceux-ci semblent avancés *ad hoc*, pour les besoins de la démonstration : certes, mais pourquoi l'historien ne créerait-il pas ses outils en chemin ? Et même, comment au fond faire autrement, sauf à croire que l'on peut partir de l'essence elle-même pour en déduire des critères

---

1. Cité par Hölscher, (« Öffentlichkeit », art. cit., p. 450).

2. Même si le second considère que le syntagme s'installe dès 1700 dans la langue et que le passage de l'opinion à l'opinion publique fut plutôt une affaire de mode (J.A.W. Gunn, *Queen of the World…*, *op. cit.*, p. 100 et 105).

qu'il suffirait ensuite de poser sur les mots comme on clouerait des papillons sur un album? D'autre part, on peut craindre que ces critères ne soient guère opératoires car, même sans tenir compte des aléas du corpus, rareté et équivocité sont des termes *relatifs* : les mots sont plus ou moins rares, plus ou moins équivoques, et s'il en est ainsi, à partir de quand au juste sera-t-on autorisé à parler d'un « concept » au sens strict? Eh bien justement, c'est là encore une question de goût, un tact propre au philologue, toujours discutable, mais peut-être éclairant.

Il existe encore une quatrième objection, plus porteuse. Elle prend acte de ce que les trois usages qui ont été distingués le furent un peu abusivement. Ce ne sont tout de même pas des homonymes, ils communiquent entre eux pour autant qu'ils renvoient tous trois à l'*opinion* tout court, celle-là même dont les moralistes du siècle précédent avaient fait, dans le sillage de Naudé, « la reine du monde » [1]. Qu'il s'agisse d'estime, de confiance, ou de rumeur, il reste, et c'est là le point décisif, que nous en revenons toujours à de l'opinion, à de la *doxa*, et non à de la science : ni le censeur ni le capitaliste ni le chroniqueur ne savent proprement à quoi s'en tenir. Et tous les discours qui prennent l'« opinion » pour objet semblent alors se répartir sur deux axes. Sur l'un d'eux, la question est de déterminer quel rapport au juste elle entretient *avec la vérité* : est-elle simple folie ou peut-on aller jusqu'à lui accorder le statut d'un ersatz de rationalité comme dans ce texte de d'Aguesseau, datant de 1719 et où l'on se rapproche notablement de ce dont tout le monde parlera cinquante ans plus tard? Le problème y est de

---

1. J.A.W. Gunn, *Queen of the World…*, *op. cit.*, p. 21, 70-75 et 88.

savoir si le bénéfice de l'actionnaire est de même nature que celui de l'agioteur :

> Si l'on en croit la voix publique, la question est décidée. Il n'y a presque personne qui ne soit persuadé que la Compagnie n'a eu jusqu'à présent d'autres mines d'or et d'argent, ou pour parler sans figure, d'autre fonds que l'agiotage pour fournir le dividende immense auquel elle s'est engagée. Or cette notoriété est du nombre des preuves morales qui ne trompent guère les hommes dans les opinions qui en résultent. C'est une espèce de jugement général qui se forme d'une infinité de faits, de circonstances, de jugements différents ; et lorsque toutes les impressions particulières qui en résultent se réunissent en un seul point et concourent à la même fin, si ce n'est pas une décision absolue, c'est au moins un préjugé qui mérite une très grande attention [1].

Mais on voit que même là où la « voix publique », en tant qu'elle intègre les jugements individuels, est créditée d'une faculté d'approximation telle qu'on peut en recueillir des preuves morales, c'est-à-dire l'indice de la solution, elle n'en est que l'indice, elle reste du côté du préjugé et il demeure requis de la faire suivre par une démonstration en bonne et due forme ; d'Aguesseau enchaîne aussitôt : « Il semble même qu'un raisonnement assez simple fournisse une espèce de démonstration sur ce sujet […] ». C'est que l'opinion publique, si vraisemblable soit-elle, ne peut en tant qu'opinion, fournir aucun gage de certitude.

Sur l'autre axe, on ne cesse d'interroger le rapport de l'opinion *à la force*. Comme Pascal le demande après bien

---

1. « Mémoire sur le commerce des actions de la Compagnie des Indes », *op. cit.*, article IV, p. 210.

d'autres, à laquelle des deux revient le titre de reine du monde[1]? C'est toujours dans ce sillage que Hume, en 1741, avec la redoutable sobriété dont il est coutumier, ayant constaté que la force est toujours du côté des gouvernés et que ceux-ci sont toutefois, en règle générale, soumis à leurs gouvernants, déclare : « C'est donc sur l'opinion seule que le gouvernement est fondé. Et cette maxime vaut autant pour les gouvernements les plus despotiques et les plus militaires que pour les plus libres et les plus populaires »[2]. En 1748, lorsque Montesquieu, dont *L'esprit des lois* ne mentionne jamais « l'opinion publique », propose le concept de « tyrannie d'opinion » (XIX, 3), il renvoie à celle-ci comme à une perception du pouvoir dont la lucidité n'est pas toujours la vertu majeure et le peuple corrompu de l'Empire romain « sentait plus vivement la tyrannie lorsqu'on chassait un baladin, que lorsqu'on lui ôtait toutes ses lois »[3].

Ces deux axes se recoupent en un point précis, celui où l'on s'émerveille de constater que l'opinion, même fausse, produit des effets bien réels, celui donc de la *force du faux*. Il va de soi que pour Prévost, l'estime publique n'en est pas moins redoutable pour être injuste – au contraire ! C'est en s'interrogeant sur la monnaie que d'Aguesseau peut écrire : « Il est vrai que ce n'est pas toujours la nature ou les idées justes et véritables des choses qui décident de ces usages ou de ces utilités. L'opinion et l'imagination des hommes y ont souvent

---

1. *Pensées*, *op. cit.*, n°554 et 665.

2. « Les premiers principes du gouvernement », dans *Essais et traités sur plusieurs sujets*, trad. M. Malherbe, Paris, Vrin, t. I, 1999, p. 93.

3. B. Binoche, « Montesquieu et les deux tyrannies », Alain J. Lemaître (dir.), *Le monde parlementaire au XVIIIᵉ siècle*, Rennes, Presses Universitaires de Rennes, 2010, p. 115-167.

autant de part que la vérité »[1]. Et Saint-Simon n'innove certainement pas quand, évoquant la piété du duc de Bourgogne, il explique qu'un prince ne doit jamais donner le sentiment qu'il subordonne tous ses arbitrages à une obsession : « Il suffit de présenter cette pensée toute nue pour en faire apercevoir les suites funestes en réalité, si cette opinion était fondée, et que l'exécution en fût réelle, ou même, étant fausse, qu'elle ne cessât point de prévaloir parmi les hommes »[2]. Peu importe que l'opinion soit vraie, elle produit ses effets, et en 1763 encore, Voltaire redit en quel sens elle est la reine, ou plutôt le tyran, du monde : « Dans l'histoire de l'esprit humain, le protestantisme était un grand objet. On voit que c'est le pouvoir de l'opinion, soit vraie, soit fausse, soit sainte, soit réprouvée, qui a rempli la terre de carnages pendant tant de siècles ». Depuis cinquante ans, il est vrai, la raison s'introduit par degrés parmi nous et elle détruit « ce germe pestilentiel qui avait si longtemps infesté la terre » – *id est* l'« opinion » qui s'incarne ici dans les disputes théologiques, et dont on voit bien qu'on ne pourrait pas l'appeler « opinion publique »[3].

Cette opinion-là, qui a si longtemps mené absurdement le monde, qui a fait l'histoire terrible des hommes, c'est donc l'opinion tout court, la face subjective de la fortune, un chaos de représentations sans queue ni tête où l'on perdrait son temps à chercher la Providence. Elle n'est pas l'« opinion publique » ; c'est l'opinion publique qui, sous les diverses formes de l'estime, de la confiance et de la rumeur, en illustre occasion-

---

1. *Considérations sur les monnaies*, Part. I, sct. 1 (*Œuvres…*, *op. cit.*, t. X, p. 3).
2. *Mémoires*, *op. cit.*, t. III, p. 819.
3. *Essai sur les mœurs*, Paris, Garnier, 1963, t. II, p. 912 et 932.

nellement la bien réelle puissance. Elle est la *doxa* en marche, tantôt abandonnée aux inerties de la coutume, tantôt emportée par la fureur des passions, tantôt savamment manipulée – mais toujours *doxa*. Dira-t-on qu'elle au moins est un concept ? Et comment ne pas parler du concept d'opinion à l'âge classique ? Omniprésente, elle constitue bien un inépuisable objet d'investigations et l'on n'en finit pas de conjurer ses caprices ou de célébrer ses pouvoirs. Objectera-t-on à cela que les équivoques ne lui manquent pas ? Sans doute. Mais l'équivoque *naît ici de la surabondance* : c'est parce que tout le monde en parle sans cesse que l'on ne peut plus très bien savoir de quoi l'on parle, et cela n'est d'ailleurs guère utile puisqu'elle finit par jouer le rôle d'une instance aveugle de légitimation, d'une réalité ultime à laquelle on peut attribuer les prédicats les plus contradictoires, un autre nom de Dieu. C'est qu'alors, en effet, ce n'est pas un concept, mais un *maître mot*, comme le sera par exemple au siècle suivant « la civilisation » [1].

Opinion publique, lumières publiques, raison publique (Rousseau)

Que, dans la France des années 1750-1765, l'opinion publique soit demeurée du côté de l'opinion, Rousseau en témoigne de manière intéressante. Ce qu'il nomme littéralement « opinion publique », c'est toujours l'« estime publique ». En 1758, à propos des échecs rencontrés par la législation royale pour abolir les duels, elle est expressément identifiée au *préjugé public* et figure comme l'instrument par lequel on a prise sur les mœurs, la difficulté reculant alors d'un

---

1. Voir *La raison sans l'Histoire*, *op. cit.*, chap. 13 et 16.

cran puisqu'il faut alors déterminer comment avoir prise sur l'opinion publique elle-même. De même que pour Law, il faut faire en sorte que la justice et la raison deviennent opinion; mais ici ce ne sera pas par la puissance de persuasion inhérente à la raison elle-même : « (…) ni la raison ni la vertu ni les lois ne vaincront l'opinion publique tant qu'on ne connaîtra pas l'art de la changer »[1]. On ne peut mieux dire que l'opinion dite publique, en tant que préjugé, est indifférente à l'argumentation, qu'elle lui est hétérogène, de sorte que la raison du législateur devra la modifier insensiblement en faisant appel à des procédés qui ont à voir avec l'amour-propre.

Or, en tant que préjugé, cette opinion se distingue très clairement des *lumières publiques* évoquées au second livre du *Contrat social* (II, 6, *in fine*) : la volonté générale, si bien intentionnée qu'elle soit, a besoin d'être éclairée afin que « des lumières publiques résulte l'union de l'entendement et de la volonté dans le corps social »[2]. Le fameux grand Législateur, cette figure traditionnelle à laquelle Rousseau a conféré une envergure si remarquable et si inquiétante, trouve ici sa nécessité. Et l'on voit que les lumières qu'il lui revient d'apporter au public n'ont rien à voir avec l'opinion du même public : elles ne sont pas l'évaluation morale faite continûment par tous de la vertu de chacun, mais le jugement pratique par lequel tous sauront quelles institutions ils doivent vouloir pour le bien de tous, l'intelligence de ce qui convient à la situation singulière où ils se trouvent (conditions géographiques, état de civilisation, etc.). Or cette intelligence ne peut leur advenir que par la

---

1. Voir *supra*, p. 13-14. Et M. Senellart, « Censure et estime publique chez Rousseau », *Cahiers philosophiques de Strasbourg*, tome 13, mai 2002, p. 67-118.

2. Rousseau, *Contrat social*, II, 6, *op. cit.*, t. III, 1964, p. 380.

médiation d'une heureuse imposture, le Législateur se faisant passer pour l'interprète des dieux[1]. Sur ce plan encore, la raison ne peut donc s'imposer en tant que raison, elle doit s'inventer à nouveau de subtils détours – cette fois, la superstition.

Toutefois, il arrive également à Rousseau d'invoquer la *raison publique*. Mais celle-ci ne renvoie pas à un entendement collectif plus ou moins perspicace, c'est la loi elle-même en tant que les passions individuelles doivent s'y plier : quant au magistrat, « sa raison même doit lui être suspecte, et il ne doit suivre d'autre règle que la raison publique, qui est la loi »[2]. Si la raison publique se définit par opposition à celle du particulier, ce n'est pas comme une raison raisonnante qui cumulerait les jugements individuels, mais comme l'autorité juridique irrésistible requise pour contenir les passions individuelles. Cet usage peut nous surprendre, mais il est conforme à la tradition latine[3] et c'était en ce sens que Montaigne condamnait ceux qui « s'en piquent de passion particulière, et au-delà de la justice et de la raison publique » – qu'il renomme quelques lignes plus bas « raison générale »[4]. C'était encore en ce sens que Hobbes pouvait déclarer qu'en

---

1. Rousseau, *Contrat social*, II, 7, *op. cit.*, p. 384.

2. Voir l'article « Économie », *ibid*, p. 243. Les autres occurrences (p. 202 et 248) sont tout à fait consonantes.

3. Comme le rappelle très clairement Stéphane Bonnet dans une thèse intitulée *Ordre juridique et raison d'État de Guichardin à Grotius (1525-1625)*, soutenue à l'Université Paris-I, le 4 novembre 2010 : « Ammirato fonde sa définition de la raison d'État sur l'usage toscan et latin qui veut que *ragione* comme *ratio*, dans l'ordre juridique, désigne la loi. La raison d'État est donc raison au même titre que la raion de nature, la raison civile, la raison de guerre et la raison des gens », t. I, p. 41.

4. *Essais*, III, 10, *op. cit.*, t. III, p. 348-349.

matière de foi, « la raison privée doit se soumettre à la raison publique [*the private reason must submit to the public*], c'est-à-dire au lieutenant de Dieu » [1]. Et ce sera toujours en ce sens que Guizot, en 1828, dans son célèbre cours sur l'*Histoire de la civilisation en Europe*, écrira :

> Le progrès de la société est précisément de substituer, d'une part, les pouvoirs publics aux volontés particulières, de l'autre, la résistance légale à la résistance individuelle. C'est là le grand but, le principal perfectionnement de l'ordre social ; on laisse à la liberté personnelle une grande latitude ; puis, quand la liberté personnelle vient à faillir, quand il faut lui demander compte d'elle-même, on s'adresse uniquement à la raison publique ; on appelle la raison publique à vider le procès qu'on fait à la liberté de l'individu. [2]

Ainsi peut-on conclure que c'est toujours à *l'irrationalité* et non à la rationalité du particulier que s'oppose la raison-loi publique, laquelle, pour rimer avec le salut public, n'argumente pas, mais réprime. Et l'on voit bien, du même coup, que cette raison publique-là ne peut pas plus s'identifier à l'opinion-estime publique qu'aux lumières publiques. Les trois instances sont parfaitement distinctes.

COMMENT SE COMPOSE L'OPINION PUBLIQUE (1) : LA RAISON IMMANENTE

Le premier indice que l'opinion publique dont il sera question dans la seconde moitié du siècle désigne tout autre

---

1. *Leviathan*, chap. XXXVII, *in fine*, *op. cit.*, p. 471.
2. *Histoire de la civilisation en Europe*, leçon IV, Paris, Hachette, 1985, p. 127-128.

chose, c'est le constat fait par les contemporains qu'elle est une puissance *nouvelle* : à la différence de l'opinion tout court qui a toujours dominé le monde, l'opinion publique le gouverne depuis peu. C'est Rousseau encore, en 1776, qui écrit :

> Parmi les singularités qui distinguent le siècle où nous vivons de tous les autres, est l'esprit méthodique et conséquent qui depuis vingt ans dirige les opinions publiques. [...] Depuis que la secte philosophique s'est réunie en un corps sous des chefs, ces chefs, par l'art de l'intrigue auquel ils se sont appliqués devenus les arbitres de l'opinion publique, le sont par elle de la réputation, même de la destinée des particuliers et par eux de celle de l'État[1].

Certes, l'opinion publique est encore ici l'estime publique qui décide de la réputation, mais on voit qu'elle n'est une force organisée que depuis les années 50 et qu'elle est une force organisée par les philosophes eux-mêmes – du moins ceux qui se prétendent tels, car il s'agit en réalité d'une « secte », avec toute la connotation religieuse et péjorative du terme. Or ce n'est là rien d'autre que l'image spéculaire d'un *topos* des lumières dont on trouve, en 1782, dans *Le tableau de Paris* de Mercier, une formulation victorieuse :

> Depuis trente ans seulement, il s'est fait une grande et importante révolution dans nos idées. L'opinion publique a aujourd'hui en Europe une force prépondérante à laquelle on ne résiste pas : ainsi en estimant le progrès des lumières et le

---

1. *Rousseau juge de Jean-Jacques*, III, *op. cit.*, t. I, 1959, p. 964-965.

changement qu'elles doivent enfanter, il est permis d'espérer qu'elles apporteront au monde le plus grand bien [...] [1].

Voilà qui nous ramène de nouveau aux années 1750 et qui rapporte de nouveau ce triomphe de l'opinion publique à celui des lumières, entendues cette fois comme bien réelles. En 1818 encore, Mme de Staël parlera de la même opinion publique comme de « cette nouvelle puissance » qui « acquérait chaque jour plus de force », de sorte que « la nation s'affranchissait pour ainsi dire d'elle-même » et elle renverra cette émancipation au pouvoir croissant de la « seconde classe de la société » [2], dans laquelle il faut bien sûr inclure les gens de lettre.

On comprend alors fort bien pourquoi l'opinion publique est une force récente : elle a tout simplement l'âge des Lumières elles-mêmes ! Rien d'étonnant, dans ces conditions, à ce qu'elle émerge au moment où, nous l'avons vu, Voltaire disait que l'opinion tout court s'effaçait devant la raison. Rien d'étonnant non plus à ce qu'inversement le retour de l'opinion tout court sur le devant de la scène entraîne mécaniquement le retrait de l'opinion publique – ainsi dans le dernier grand opus de Diderot, l'*Essai sur les règnes de Claude et de Néron* (1782) : on y cherchera en vain la trace de cette dernière à laquelle Diderot avait pourtant beaucoup réfléchi antérieurement ; on y trouvera en revanche, pour ainsi dire à chaque page, la vieille opinion qui ne fait qu'une avec la « rumeur », la « crédulité » ou encore l'« ineptie populaire » [3].

---

1. Cité par K. Baker, « Politique et opinion publique sous l'ancien régime », art. cit., p. 56.
2. *Considérations sur la Révolution française*, *op. cit.*, p. 85.
3. *Œuvres complètes*, *op. cit.*, t. XXV, 1986, p. 138, 192, 200.

Il devient alors possible pour Condorcet de concevoir dans les années 90 ce qui, cinquante ans plus tôt, aurait été un cercle carré, à savoir l'« opinion permanente » qui résulte de la vulgarisation de certaines découvertes dans le champ des sciences métaphysiques et sociales[1]. Et quand Mme de Staël, en 1800, parlera des « lumières publiques » ou « nationales », ce ne sera pas en les distinguant de l'opinion publique, bien au contraire : « Si l'imprimerie avait existé, les lumières et l'opinion publique acquérant chaque jour plus de force, le caractère des Romains se serait conservé, et avec lui la nation et la république ; [...] »[2].

Quel rapport y a-t-il au juste entre les lumières et l'opinion publique, c'est ce qui est moins clair. En un sens, il convient de les *identifier*, les lumières publiques sont l'opinion publique. Comment penser alors la construction de celle-ci ? Les mots qui reviennent sans cesse sont ceux de « résultat », de « somme », de « composition » et ils renvoient tous à l'idée d'un processus *immanent* par lequel les jugements particuliers se coagulent en un jugement général, lequel est destiné à se corriger continûment. Ainsi Peuchet, en 1789, dit-il de « l'opinion publique » :

> Ce mot désigne d'une manière générale la somme de toutes les lumières sociales, ou plutôt le résultat de ces lumières, considéré comme motif des jugements que porte une nation sur les choses soumises à son tribunal[3].

1. *Tableau historique*, *op. cit.*, p. 747.
2. *De la littérature*, I, 7, Paris, Garnier-Flammarion, 1991, p. 160.
3. Cité par K. Baker, « Politique et opinion publique sous l'ancien régime », art. cit., p. 61.

« Résultat » est préférable à « somme » pour autant que ce dernier mot peut suggérer une simple addition, un compte des opinions majoritaires, alors qu'il s'agit d'un procès plus complexe d'intégration. Au temps des Mazarinades, l'opinion tout court ne se formait pas, elle était formée par les pamphlets et les gazettes[1]. Désormais, si « elle a de la finesse et de la force tout ensemble », c'est, au pronominal, qu'« elle *se compose des aperçus de chacun et de l'ascendant de tous* »[2]. Mais comment concevoir plus précisément cette composition à laquelle on renvoie sans cesse, sans plus de détails, comme si elle allait de soi, alors qu'elle constitue le cœur du nouveau concept?

Il y a deux réponses à cette question. Pour les Lumières, il s'agit avant tout d'un processus de *rectification mutuelle des erreurs*. Si on demeure si allusif, c'est bien parce que la solution, en effet, va de soi : il suffit de développer le fameux *sapere aude*. L'opinion individuelle, en effet, ne se définit plus, à la manière de Bossuet, comme un pauvre « sentiment particulier », Paine l'en distingue sans appel : « On pourrait dire que jusqu'à ce que les hommes parviennent à penser pour eux-mêmes, tout est chez eux préjugé et *non pas opinion*; car cela seul est l'opinion proprement dite qui est le résultat [*result*] de la raison et de la réflexion »[3]. Or si chacun pense par

1. Voir H. Carrier, *La presse de la Fronde (1648-1653) : les Mazarinades*, Genève, Droz, 1989, t. I, p. 30-33 et la critique de J.A.W. Gunn, *Queen of the world…*, *op. cit.*, p. 47, ainsi que F. Moureau, *La plume et le plomb. Espace de l'imprimé et du manuscrit au siècle des Lumières*, Paris, Presses Universitaires de Paris-Sorbonne, 2006, chap. 6.

2. Mme de Staël, *Considérations sur la Révolution française*, *op. cit.*, p. 115 (je souligne).

3. T. Paine, *Les droits de l'homme*, préface à la seconde partie, *op. cit.*, p. 184 (trad. modifiée). Pour Bossuet, voir *supra*, chap. II, p. 53-54.

lui-même à l'abri de toute autorité, et s'il expose loyalement le fruit de ses réflexions à la critique de ses concitoyens, il s'ensuivra nécessairement un choc des intelligences d'où ne pourra sortir que la vérité : Godwin l'appelle « cette heureuse collision des entendements [*that happy collision of understandings*] dont dépendent les espoirs du perfectionnement humain »[1]. Ce qui reste à faire, c'est alors à stipuler le cadre juridique requis, *id est* la liberté de la presse.

Mais on peut aussi formuler le problème en termes d'intérêt et sa solution se trouve alors du côté d'une *neutralisation réciproque des égoïsmes*. C'est ainsi que Constant, en 1824, caractérisera l'opération :

> L'opinion d'un peuple est le résultat de chaque opinion individuelle, séparée des intérêts privés qui la faussent dans chacun, et qui se rencontrant dans ce centre commun, se combattent et se détruisent mutuellement[2].

Cette formulation est frappante parce qu'elle démarque de très près la célèbre distinction faite par Rousseau dans le *Contrat social* (II, 3) entre la volonté de tous et la volonté générale : « [...] celle-ci ne regarde qu'à l'intérêt commun, l'autre regarde à l'intérêt privé et n'est qu'une somme de volontés particulières : mais ôtez de ces mêmes volontés les plus et les moins qui s'entre-détruisent, reste pour somme des différences la volonté générale ». Ici comme là, on décrit un dispositif qui, par l'effet statistique du grand nombre, contraint les intérêts « privés » (ou « individuels ») à annuler leurs écarts (« s'entredétruisent », « détruisent mutuelle-

---

1. *An Enquiry...*, *op. cit.*, III, 6, p. 244.
2. *Commentaire sur l'ouvrage de Filangieri*, Paris, Les Belles-Lettres, 2004, p. 325.

ment »), de telle façon qu'il en « résulte » (ou « reste ») un
dénominateur commun (« l'intérêt commun », le « centre
commun »). L'analogie est indiscutable, mais inattendue si
l'on se souvient des critiques vigoureuses adressées par
Constant au Rousseau du *Contrat social* dont les terroristes
de 93 furent à ses yeux tristement tributaires... Aussi bien ce
n'est qu'une analogie : il ne s'agit pas d'engendrer la volonté
générale dans l'enceinte d'une délibération souveraine, mais
l'opinion du peuple dans un espace imprimé réservé à « la
partie pensante de la nation »[1] ; or cette opinion ne fait pas loi,
elle est ce que Constant nomme, dans le sillage de Necker,
« vœu général » : « [...] les lois, pour être efficaces, doivent
être non seulement être bonnes, mais conformes au vœu général »[2]. Il s'agit donc de désarmer le peuple révolutionnaire et
Constant recourt au schème rousseauiste de la souveraineté
populaire en acte pour concevoir ce qui en est, de toute
évidence, *l'euphémisation* : au peuple en corps légiférant, il
substitue des représentants guidés par une élite sociale. La
stratégie est en un sens bien retorse puisqu'elle retourne contre
l'adversaire ses propres armes. Mais aussi bien, ne témoigne-
t-elle pas d'une impuissance, l'impuissance à penser la
composition de l'opinion publique autrement que sur le
modèle de la volonté générale ? Comme si le spectre encore
sanglant de Robespierre hantait en son cœur le libéralisme de
Constant...

　　En s'exprimant ainsi, celui-ci semble enfin écraser
l'opinion sur l'intérêt, la première n'étant que l'alibi du

---

1. *De la liberté des brochures* (1814) in *Œuvres*, Paris, Gallimard, 1957,
p. 1222.
2. *Ibid.* Voir G. Paoletti, *Benjamin Constant et les Anciens. Politique,
religion, histoire*, Paris, Champion, 2006, p. 226-227.

second. En fait, il faudra articuler les deux modèles qui viennent d'être mentionnés, celui d'un crible de la vérité et celui d'un discernement de l'intérêt général. Suffit-il de réfuter le faux pour désamorcer l'intérêt ou, au contraire, de révéler l'intérêt qui commande l'opinion, pour invalider celle-ci ? On admettra que la difficulté est considérable – c'est en un sens celle de l'idéologie [1].

COMMENT SE COMPOSE L'OPINION PUBLIQUE (2) : LA RAISON ÉMANANTE

Une autre difficulté est bien sûr celle de déterminer le champ social où doit s'effectuer cette émergence, ce qui revient à demander *qui* est le public dont il s'agit de former l'opinion. Plusieurs réponses sont bien sûr à nouveau possibles ; il y a la règle et il y a l'exception. L'exception, c'est Godwin qui déclare ledit processus coextensif à *la totalité* du corps social : il n'y a aucune raison d'interdire l'accès de cette grande discussion permanente à qui que ce soit, pas plus qu'il n'y a de raison d'interdire quelque propos que ce soit. L'enfant et le fou peuvent bien s'exprimer librement, la fausseté de leurs opinions se brisera aussitôt sur la raison de chacun ; « chacun », c'est d'ailleurs le sujet qui revient sans cesse dans le discours de l'*Enquête* : l'individu est le seul sujet réel, c'est à lui seul qu'il peut appartenir de convaincre ou d'être convaincu, et il ne le peut que sous la contrainte de la raison dont il doit faire usage pour le bien de tous. Quant aux calomnies, il en va exactement de même et elles s'éroderont d'autant plus vite qu'on les laissera librement circuler :

1. Voir *infra*, chapitre 6, p. 140-144.

[…] la découverte de la vérité individuelle et personnelle doit s'opérer de la même manière que la découverte de la vérité générale, par la discussion. La justice et la raison résulteront du choc des récits divergents [*will be produced from the collision of disagreeing accounts*] [1].

Cela signifie que toute opinion reçue sans examen est *immorale* pour autant qu'elle passe outre le devoir philanthropique qui incombe à « chacun » de faire usage de sa raison pour contribuer au bonheur de l'humanité. Et cela revient à dire que l'opinion publique, pour être ce qu'elle doit être, doit se garder de jamais rechuter dans la foi : là où l'on adhère sans examen, on commet une *faute* : « S'il existe une vérité plus incontestable que les autres, c'est bien que chaque homme est tenu d'exercer ses facultés pour découvrir le juste et pour mettre en pratique tout le juste dont il a connaissance » [2]. Locke le disait déjà [3], mais cela vaut maintenant pour toute espèce de vérité. Et là où la tolérance au sens fort s'étend à tout ce qui est connaissable, elle devient opinion publique.

Mais Godwin est anglais, et radical. Il permet d'autant mieux de confirmer la règle, en France comme ailleurs : chacun ne compte pas autant que chacun. Diderot, par exemple, s'exprime bien plus sélectivement : « L'opinion publique, chez une nation qui pense et qui parle, est la règle du gouvernement […] » [4]. Kant parle de « l'ensemble du public qui lit » [5].

1. *An Enquiry…, op. cit.*, VI, 6, p. 598.
2. *Ibid.*, II, 6, p. 207.
3. Voir *supra*, chap. I, p. 39.
4. *Pensées détachées. Contributions à l'histoire des deux Indes*, éd. Goggi, Sienne, Rettorato dell'Università, t. I, 1976, p. 105.
5. « Das ganze Publikum der Leserwelt » ; *Réponse à la question : qu'est-ce que les Lumières ?* Ak, VIII, 37.

Et Constant, nous venons de le voir, de « la partie pensante de la nation ». Il n'y a là en soi rien de surprenant, mais l'opinion publique s'en trouve un peu flottante. En effet, on ne sait plus très bien si le « public » désigne cette classe pensante dont les opinions se composent plus ou moins naturellement, ou non pas plutôt une classe de second rang où se déposent les vérités découvertes par les philosophes. Du coup, on ne sait pas non plus très bien si l'exigence de populariser la philosophie signifie qu'il faut « constituer un espace où les esprits peuvent s'éprouver »[1] ou simplement faire œuvre de vulgarisation. C'est Condorcet, en 1776, qui évoque « l'opinion des gens éclairés, qui précède toujours l'opinion publique et qui finit par lui faire la loi […] »[2]. C'est le même Condorcet qui écrit dans les années 90 :

> En effet, si dans les sciences morales et politiques, il existe à chaque instant une grande distance entre le point où les philosophes ont porté les lumières, et le terme moyen où sont parvenus les hommes qui cultivent leur esprit et dont la doctrine commune forme cette espèce de croyance généralement adoptée qu'on nomme opinion, ceux qui dirigent les affaires publiques qui influent immédiatement sur le sort du peuple, quelle que soit la forme de sa constitution, sont bien loin de s'élever au niveau de cette opinion. Ils la suivent, mais sans l'atteindre ; bien loin de la devancer, ils sont constam-

---

1. D. de Casabianca, *Montesquieu, de l'étude des sciences à l'esprit des lois*, Paris, Champion, 2008, p. 55.
2. *Réflexions sur le commerce des blés* (1776), part. II, chap. 4 dans *Œuvres*, Paris, Firmin-Didot, 1847-1849, t. XI, p. 201.

ment au-dessous d'elle, et de quelques années et de quelques vérités[1].

L'opinion publique *stricto sensu*, c'est alors l'opinion des gens instruits qui ont lu les philosophes. Elle apparaît comme une médiation entre ceux-ci et les gouvernants, d'une part, mais aussi entre les philosophes et «la masse même du peuple», d'autre part. En effet, elle monte et elle descend; en descendant, elle se diffuse partout, mais ce faisant, il faut bien constater qu'elle se dégrade en une sorte de foi :

> [...] ces principes passant peu à peu des ouvrages des philosophes dans toutes les classes de la société où l'instruction s'étendait plus loin que le catéchisme et l'écriture, devinrent la profession commune, le symbole de tous ceux qui n'étaient ni machiavélistes ni imbéciles. Dans quelques pays, ces principes formaient une opinion publique assez générale pour que la masse même du peuple parût prête à se laisser diriger par elle et à lui obéir[2].

«Profession commune», «symbole», le langage est franchement théologique : la raison, en se propageant, déchoit nécessairement en une nouvelle croyance – : comment mieux dire que l'opinion publique est une orthodoxie, qu'elle redevient fatalement doctrine publique[3]. Il ne faut plus alors l'identifier aux Lumières, elle n'en est que la chute et sa formation n'a rien d'immanent. Preuve que le risque est sérieux, Diderot s'exprimait dès 1775 dans des termes très proches :

1. *Tableau historique des progrès de l'esprit humain*, IX, *op. cit.*, p. 374-375.
2. *Ibid.*, p. 391.
3. Sur ce dernier syntagme, voir *infra*, chap. V, p. 155.

> L'opinion, ce mobile dont vous connaissez toute la force pour le bien ou pour le mal, n'est à son origine que l'effet d'un petit nombre d'hommes qui parlent après avoir pensé, et qui forment sans cesse, en différents points de la société, des centres d'instruction d'où les erreurs et les vérités raisonnées gagnent de proche en proche jusqu'aux derniers confins de la cité, où elles s'établissent *comme des articles de foi*[1].

Un autre signe, *a contrario* cette fois, que la menace est réelle figure chez Condorcet lui-même, lorsqu'il évoque dans le contexte pédagogique ces mêmes principes – notamment l'égalité des droits et la souveraineté du peuple – dont il déclarait ailleurs que le peuple s'en était passivement pénétré :

> Ces vérités fondamentales deviennent la source d'erreurs funestes et un instrument dangereux entre les mains de l'hypocrisie si on les prêche au lieu de les analyser [...].
> Ce ne sont point des dogmes philosophiques ou politiques qui sont l'objet d'une instruction conforme aux vrais principes de la raison, aux intérêts, aux droits de ceux qui la reçoivent. On ne doit y connaître *aucune espèce de catéchisme*[2].

En 1781, à la demande de d'Alembert, l'Académie française avait mis au concours un prix de douze mille livres destiné à l'auteur du meilleur catéchisme réformant la morale sans référence à la religion, et en 1793, Volney n'avait pas fait autre chose en publiant *La loi naturelle ou catéchisme du citoyen*. Condorcet ne combat donc pas seulement les prêtres catholiques, ni ceux, à commencer par Robespierre, qui se réclament d'une nouvelle religion de l'Être suprême ; il combat tous ceux qui, dans le sillage du matérialisme et dans

---

1. Lettre à Necker, 10 juin 1775 (je souligne).
2. *Tableau historique...*, *op. cit.*, p. 857-858 (je souligne).

son propre camp, prétendent faire de la morale naturelle une nouvelle dogmatique : il faut substituer l'analyse condillacienne – la décomposition des idées en leurs éléments les plus simples – à *tout* catéchisme. Les principes rationnels seront ainsi préservés de la dénaturation qui les guette quand on les diffuse et, nulle part, aucune foi ne pourra se reformer sous leur nom. Jamais l'opinion publique ne recomposera une orthodoxie, l'analyse assure son épuration permanente.

LA NOUVELLE RAISON PUBLIQUE (GUIZOT)

Mais si l'opinion publique désigne désormais une rationalité collective, comment se fait-il qu'elle ne soit pas expressément nommée ainsi ? Eh bien, justement, elle l'est.

Lorsque Diderot dit « L'opinion publique, chez une nation qui pense et qui parle, est la règle du gouvernement… », il poursuit : « …jamais il ne la doit heurter sans des raisons publiques, ni la contrarier sans l'avoir désabusée »[1]. Le gouvernement doit publiquement rendre raison, c'est-à-dire produire des raisons. Celles-ci peuvent se ramasser en un singulier univoque, comme en témoigne Condorcet fort clairement :

> Déjà dans la Grande-Bretagne, quelques amis de l'humanité en ont donné l'exemple [de la culture du sucre en Afrique], et si son gouvernement corrompu, forcé de respecter la raison publique, n'a osé s'y opposer, que ne doit-on pas espérer du même esprit lorsque après la réforme d'une constitution

1. Voir *supra*, p. 137.

servile et vénale, il deviendra digne d'une nation humaine et généreuse[1] ?

Cette *raison publique* n'est certes pas celle de Rousseau, ce n'est pas la loi en tant qu'elle réprime les passions individuelles, c'est bien le jugement rationnel du «public» convaincu par les philosophes qui, au contraire, condamnent la loi. L'article 22 de la Déclaration de 93 déclare dans le même sens que «La société doit favoriser de tout son pouvoir les progrès de la raison publique». A celle-ci s'oppose diamétralement la *raison nationale* dont Maistre s'efforce de forger le concept en 1795 dans le sillage de Burke. Cette dernière a pour fin de réprimer les «raisons individuelles» en assurant le règne des «préjugés utiles». C'est elle qui fait du gouvernement une «véritable religion» et l'on peut encore la désigner comme une «foi politique, qui est un symbole»[2]. Ce dernier mot est celui que nous avions rencontré plus haut chez Condorcet[3] et ce n'est pas là une coïncidence: Maistre, au fond, nie toute possibilité d'une raison publique et affirme la nature indépassablement religieuse de ce à quoi doivent adhérer collectivement les membres d'une même nation pour que nation il y ait. Rien à faire, la politique est toujours affaire de foi et celle-ci ne procède pas des lumières; elle émane de dogmes congénitaux aux peuples qui ne peuvent s'y arracher qu'en se dissolvant.

Chateaubriand, en 1826, se rallie au nouveau syntagme avec une certaine réticence :

1. Condorcet, *Tableau historique...*, *op. cit.*, p. 432-433.
2. *De la souveraineté du peuple*, Paris, P.U.F., 1992, p. 148. Voir J.-Y. Pranchère, *L'autorité contre les Lumières. La philosophie de Joseph de Maistre*, Genève, Droz, 2004, p. 181 et p. 216.
3. Voir *supra*, p. 139.

> [...] les lumières, quand elles sont descendues, comme aujourd'hui, dans toutes les classes sociales, composent une sorte de raison publique qui rend impossible l'établissement du despotisme, et qui produit pour la liberté le même effet que l'innocence des mœurs [1].

Ce que *composent* les lumières, c'est *une sorte de* raison publique, peut-être parce que le syntagme répugne un peu à l'aristocrate, plus sûrement parce que l'usage juridique traditionnel demeure présent à l'esprit. Mais c'est certainement à Guizot qu'il appartint, dans les années 1820-1822, de promouvoir l'expression de manière remarquable.

Sans doute faut-il d'abord repartir de Burke, admettre que toute communauté humaine doit sa cohérence à un « lien social », et admettre encore que ce lien est une croyance collective : « une conviction commune, c'est-à-dire une même idée reconnue et acceptée comme vraie, telle est la base fondamentale, le lien caché de la société humaine » [2]. Les hommes ne peuvent donc vivre ensemble que pour autant qu'ils réfléchissent cette existence dans une conviction présumée vraie : « [...] dans le sein de la vérité seulement, ou de ce qu'ils prennent pour la vérité » [3]. Mais ils vivront alors d'autant mieux ensemble que cette vérité supposée sera une vraie vérité. Et on parviendra d'autant mieux à déterminer celle-ci que l'on rendra possible une collaboration des intelligences. Il faut donc se mettre en état de favoriser celle-ci et la *représentation* n'est pas autre chose comme en témoigne ce texte important :

---

1. *Essai sur les révolutions*, I, 59, *op. cit.*, p. 220, note.
2. *Histoire de la civilisation en France*, I, 12, Paris, Didier, 1846, t. I, p. 315.
3. *Ibid.*

Toute société, selon son organisation intérieure, ses antécédents et l'ensemble des causes qui l'ont modifiée ou la modifient encore, est placée à un certain degré dans la connaissance de la vérité, de la justice, de la loi divine, et dans la disposition à s'y conformer. Pour parler en termes moins généraux, il existe, dans toute société, une certaine somme d'idées justes et de volontés légitimes sur les droits réciproques des hommes, sur les relations sociales et leurs résultats. Cette somme d'idées justes et de volontés légitimes est dispersée dans les individus qui composent la société, et inégalement répartie entre eux en raison des causes infinies qui influent sur le développement intellectuel et moral des hommes. [...] Le problème est évidemment de recueillir partout, dans la société, les fragments épars et incomplets de ce pouvoir, de les concentrer et de les constituer en gouvernement. En d'autres termes, il s'agit de découvrir tous les éléments du pouvoir légitime disséminés dans la société, et de les organiser en pouvoir de fait, c'est-à-dire de concentrer, de réaliser la raison publique, la morale publique, et de les appeler au pouvoir.

Ce qu'on appelle la *représentation* n'est autre chose que le moyen d'arriver à ce résultat. Ce n'est point une machine arithmétique destinée à recueillir et à dénombrer les volontés individuelles. C'est un procédé naturel pour extraire du sein de la société la raison publique, qui seule a droit de la gouverner.

Nulle raison en effet n'a, par elle-même et d'avance, le droit de dire qu'elle est la raison publique. Si elle le prétend, il faut qu'elle le prouve, c'est-à-dire qu'elle se fasse accepter comme telle, par les autres raisons individuelles qui sont capables d'en juger[1].

Conformément à un usage que nous avons déjà rencontré, la raison publique est donc la sommation institutionnelle des idées justes naturellement (et inégalement) éparpillées dans le corps social. La représentation est l'artifice qui institutionnalise cette somme de telle sorte que la raison collective gouverne de fait *et que se superposent ainsi les deux sens du syntagme* : c'est bien désormais la rationalité du public qui fait loi.

Or, à y regarder de plus près, on voit comment ce concept a pour vocation de combattre sur plusieurs fronts. En effet, la redéfinition du lien social par la raison publique doit bien sûr se comprendre, en premier lieu, contre *l'autorité* du dogme. Sans doute faut-il aux individus une croyance commune pour cohabiter pacifiquement ensemble, mais cette croyance ne procède plus de l'imposition par l'appareil catholique d'une doctrine stationnaire et erronée, elle émane d'une rencontre des compétences à même de se corriger constamment. En second lieu, la raison publique doit encore s'entendre par opposition à la raison *individuelle* : le protestantisme a certainement ses mérites, mais les convictions de la conscience privée ne sont pas *ipso facto* des arguments, elles ne dispensent pas de la validation rationnelle que peut seule apporter l'examen critique des autres raisons. Entre l'absolutisme du dogme et l'anarchisme de l'individu, il faut tenir la balance

1. *Histoire des origines du gouvernement représentatif et des institutions politiques de l'Europe depuis la chute de l'Empire romain jusqu'au XIVᵉ siècle*, vol. II, leçon 10, Paris, Didier, 1880, t. II, p. 149-150. Ce cours de 1820-1822 semble n'avoir été édité qu'en 1851, bien qu'on renvoie parfois à une édition de 1822 dont je n'ai trouvé aucune trace.

égale. En troisième lieu, il faut encore lire la raison publique, dans le sillage de Constant, par contraste avec la *volonté générale* : il ne s'agit pas de sommer des volontés, mais des vérités écrit Guizot. C'est pourquoi « recueillir » ne signifie pas ici « dénombrer », mais « concentrer ». Rousseau est le premier visé – mais plus encore les rousseauistes qui ont instauré la tyrannie du peuple. En effet, contre toute la tradition contractualiste, il faut dire que la volonté ne fait pas droit : « En aucun cas, la volonté n'a cette vertu de conférer aux actes qu'elle détermine le caractère de la légitimité »[1]. La preuve ? C'est que les pouvoirs du père sur l'enfant ou de l'être sain sur le fou se justifient par la raison et « ce qui est vrai de l'enfant et du fou est vrai de l'homme en général : c'est toujours de la raison que dérive le droit au pouvoir »[2]. Rousseau lui-même avait été conséquent en déclarant que la volonté ne se représente pas, et tous ceux qui ont pourtant prétendu déduire de celle-ci la représentation devaient nécessairement y échouer. N'est donc pas juste ce qui été voulu par le peuple en corps, mais ce qui a été raisonné par le peuple représenté. La raison publique se rationalise peut-être, elle ne se démocratise pas.

Contre l'Église, contre l'individu, contre le peuple : la raison publique a ses ennemis que la raison des notables connaît fort bien. Mais il faut encore compter avec un quatrième front car Guizot publie au même moment (1821) *Des moyens de gouvernement et d'opposition dans l'état actuel de la France* dont le chapitre VIII s'intitule « Des opinions nationales en France ». Ce qu'on y rencontre sous le nom

1. *Ibid.*, p. 147.
2. *Ibid.*

d'opinion publique, ce n'est pas la raison publique comme convergence des raisons individuelles sommées de se justifier réciproquement, ce sont des «axiomes», *id est* des propositions non démontrées, qui forment «dans une nombreuse classe d'hommes, une sorte de *credo* populaire en matière de gouvernement»[1]. Ces axiomes que Guizot désigne encore comme un «instinct public» ou comme des «préjugés publics»[2], sont: la souveraineté du peuple, la négation de toute hiérarchie sociale et la réduction du gouvernement à un modeste appareil destiné à servir les gouvernés en intervenant le moins possible. Autrement dit, il s'agit de convictions héritées du siècle précédent et figées en adhésions d'autant plus vigoureuses qu'elles ne sont pas, qu'elles ne sont plus raisonnées.

Il ne s'agit manifestement pas de ces «idées justes» que la représentation avait pour fin de constituer en une instance de gouvernement. Il s'agit bien de préjugés auxquels tient le peuple, au sens «populaire» du terme (le peuple sans ses élites), et le problème est alors de savoir comment le pouvoir doit les traiter. Autrement dit, à la question de savoir comment gouverner par la raison publique s'oppose celle de savoir comment gouverner l'instinct public. Pour la résoudre, il faut comprendre que si ces préjugés ne sont pas des idées justes, il y a néanmoins en eux de la justesse. Cela signifie qu'il s'agit en fait de vérités à la fois pétrifiées et exagérées. Par exemple, et pour s'en tenir au second d'entre eux, la négation des privilèges condamne à juste titre la fixation aristocratique des inégalités, mais emportée par son élan plébéien, elle en infère

---

1. F. Guizot, *Des moyens de gouvernement et d'opposition dans l'état actuel de la France*, Paris, Belin, 1988, p. 114.
2. *Ibid.*, p. 113, 125 et 132.

à tort l'injustice de toute espèce d'inégalité sociale dont elle fait uin dogme. Restreinte à sa juste mesure, la vérité sise dans le préjugé est donc, en l'occurrence, que « les citoyens doivent être livrés à leur propre mérite, à leur propre force »[1].

Comment alors traiter l'opinion publique, c'est-à-dire ces « croyances populaires »[2] ? Non pas, surtout pas, comme un obstacle, mais comme un « moyen de gouvernement » ou comme un « point d'appui »[3]. On y parviendra en sachant dissocier la vérité de l'erreur et en accordant au peuple ce qu'il veut vraiment : « La France échangerait volontiers la souveraineté du peuple contre celle du droit, l'aversion de l'aristocratie contre les vrais principes de l'égalité, la servilité du pouvoir contre l'empire des supériorités naturelles et vraiment sociales »[4]. Le peuple ne sait pas ce qu'il désire réellement, et ce qu'il désire réellement, ce sont les vérités enfouies à son insu dans ses croyances : au lieu de le réprimer, on peut donc lui donner satisfaction. L'opinion publique, c'est finalement l'héritage révolutionnaire auquel il s'agit de faire sa part, ni plus ni moins.

Chez Guizot, l'opinion publique, telle que lc concept s'en était forgé dans les années 1770, se dissocie donc sous le coup de l'expérience révolutionnaire en deux acceptions moins concurrentes que complémentaires : l'opinion-raison qui doit gouverner et l'opinion-credo qu'il faut gouverner – et que l'on peut gouverner pour autant qu'elle comporte elle-même de la raison. Mais paradoxalement, entre ces deux réalités, ce qui semble ne plus avoir de lieu, c'est l'opinion

---

1. *Ibid.*, p. 122.
2. *Ibid.*, p. 118.
3. *Ibid*, p. 119 et 133.
4. *Ibid.*, p. 133.

publique « proprement dite », la dispute indéfinie censée s'accomplir en un espace indépendant du gouvernement, une opinion qui n'a vocation ni à gouverner (elle doit éclairer le gouvernement, ce qui n'est pas la même chose), ni à être gouvernée (ce pourquoi la presse doit être libre). Cela s'explique sans doute par le fait que les journaux, justement, et Guizot s'en plaint, se trouvent, en 1821, muselés par le gouvernement :

> J'ai beau chercher ; je ne vois en France qu'un moyen d'opposition, c'est la parole, et pour la parole, je ne vois qu'un lieu où elle soit vraiment forte et libre, c'est la tribune. La liberté de la presse n'est pas absolument morte, j'en conviens ; mais depuis que les journaux lui sont fermés, bien que très précieuse encore, elle n'est plus en mesure de causer au pouvoir un tel effroi »[1].

Peut-être cela est-il l'indice de ce que « la vraie » opinion publique est toujours menacée de se résorber en autre chose qu'elle, une autorité qui gouverne au nom d'un fantôme de raison ou ce qu'il s'agit de gouverner au nom de ce que les masses voudraient en fait sans le savoir. Et peut-être ne peut-on alors desserrer l'étau qu'en refusant d'inscrire cette opinion dans l'antinomie *doxa* / *épistémè* et en l'identifiant comme un mode de pensée politique à part entière qu'il s'agirait alors de spécifier, mais la tâche est ardue[2]...

---

1. *Ibid.*, chap. XIV, p. 197.
2. Voir J.-C. Bourdin, « Apologie pour l'opinion publique (*doxa* et démocratie) », http : //www.raison-publique.fr/article207.html

CHAPITRE V

LES RIVAUX

Les Jacobins semblent avoir préféré « esprit public » ou
même « conscience publique » à « opinion publique », peut-
être parce que celle-ci ne leur paraissait pas assez ferme : c'est
de raison et de civisme qu'ils veulent pour fonder la
république, pas d'opinion[1]. Cela ne signifie bien sûr pas qu'ils
se soient interdit le terme – ainsi quand Robespierre déclare
dans son discours du 13 messidor de l'an II : « Contre les
scélératesses des tyrans et de leurs amis, il ne nous reste
d'autre ressource que la vérité et le tribunal de l'opinion
publique, et d'autre appui que les gens de bien ». Mais il est
vrai que sur les sept numéros du *Vieux Cordelier*, dont la
liberté de la presse est pourtant le grand cheval de bataille, on
n'en trouve qu'une mention, et encore pour dire qu'elle n'est
guère véloce : « J'ai toujours eu six mois, et même dix-huit
mois d'avance sur l'opinion publique » ; le contexte – la
dénonciation des conspirateurs – explique d'ailleurs cet
hapax : c'est qu'il s'agit en fait de l'estime publique ; quand il
s'agit du « choc d'opinion » qui doit animer en permanence la

1. M. Ozouf, *L'homme régénéré*, Paris, Gallimard, 1989, p. 52-53.

représentation nationale, l'épithète s'évanouit[1]. Il est vrai aussi que Saint-Just quand il emploie le terme, lui confère en général une tonalité passive et ne semble guère lui accorder beaucoup d'épaisseur: dans les États libres, «tout le monde délibère sans cesse» et de ce fait, «l'opinion publique y est frappée de beaucoup de vicissitudes et remuée par les caprices et les passions diverses»[2]. Pour autant qu'elle doit s'affirmer, c'est bien sûr comme esprit public, mais plus encore comme conscience publique – et ici Saint-Just innove délibérément pour moraliser l'opinion:

> *Esprit* n'est pas le mot, mais *conscience*. Il faut s'attacher à former une conscience publique: voilà la meilleure police. L'esprit public est dans les têtes; et comme chacun ne peut avoir une influence égale d'entendement et de lumières, l'esprit public était une impulsion donnée. Ayez donc une conscience publique, car tous les cœurs sont égaux par le sentiment du mal et du bien, et elle se compose du penchant du peuple vers le bien général[3].

Le cœur avant l'entendement, le sentiment avant les lumières, comment ne pas songer au vicaire savoyard «[…] tout ce que je sens être bien est bien, tout ce que je sens être mal est mal: le meilleur de tous les casuistes est la conscience, et ce n'est que quand on marchande avec elle qu'on a recours aux subtilités du raisonnement»[4]? Le lien social est d'abord un

1. C. Desmoulins, *Le Vieux Cordelier*, Paris, Belin, 1987, p. 74 et 143.

2. Saint-Just, *Œuvres complètes*, Paris, Gallimard, 2004, p. 1110-1111.

3. *Ibid.*, p. 750-751. Le syntagme apparaît chez Saint-Just le 4 avril 94 (voir p. 740). Celui-ci dit parfois aussi «morale publique» (p. 513 et 722). La «conscience publique» se superpose clairement à l'«opinion publique» p. 782.

4. Rousseau, *Émile*, IV, *Œuvres complètes*, *op. cit.*, t. IV, p. 594.

« lien moral »[1]. Redéfinie moralement, l'opinion se soustrait aux fluctuations de l'intelligence, elle redevient une appréhension immédiate du devoir. Ainsi stabilisée, son statut est celui d'un civisme élémentaire qui la dérobe aux tumultes des délibérations : comme conscience, l'opinion ne se discute pas.

De là à constater une « mise en veilleuse de l'opinion publique pendant la décennie révolutionnaire »[2], il y a un pas qu'on ne franchira toutefois pas trop vite. À la gauche de Saint-Just, il y a en effet ceux qui misent sur la transmutation parfaitement immanente de l'opinion publique en volonté générale. C'est le 10 mai 1790 que Babeuf écrivait :

> Lorsqu'à Paris la liberté fut recouvrée, il arrivait qu'un citoyen écoutait l'opinion publique sur les points de réclamation générale ; il tâchait de la saisir, cette opinion, il mettait la main à la plume, s'efforçait de bien rendre ce qu'il avait entendu, et donnait à son travail le tour et le titre de *Motion*, il courait à son district pour lire cette motion ; on l'accueillait unanimement ; on l'envoyait à tous les autres districts ; la pluralité l'adoptait, et c'est ainsi qu'on parvenait à connaître la volonté générale[3].

Il n'est pas question ici de sentiment, mais bien des relais permettant l'élaboration fidèle d'une volonté générale qui ne s'affranchit jamais de l'impulsion populaire. C'est pourquoi Babeuf invoque souvent l'article 11 de la Déclaration de 89[4].

---

1. Saint-Just, *Œuvres complètes*, *op. cit.*, p. 799.
2. M. Ozouf, *L'homme régénéré*, *op. cit.*, p. 53.
3. Babeuf, *Écrits*, *op. cit.*, p. 214.
4. « La libre communication des pensées et des opinions est un des droits les plus précieux de l'homme : tout citoyen peut donc parler, écrire, imprimer librement, sauf à répondre de l'abus de cette liberté, dans les cas déterminés par la loi ».

Le 27 septembre 1794, il réserve encore la légitimité à l'opinion :

> C'est par l'opinion publique qu'on peut tout faire, et lorsqu'on est parvenu à la diriger vers un système quelconque, on est bien sûr de faire prévaloir ce système, parce que l'opinion du peuple, comme on le dit fort bien, est sa force, et la force du peuple est tout[1].

Le public est bien ici le peuple et l'opinion est sa force. Il est vrai que cette fois, le problème est moins de la recueillir que de la diriger et il est vrai aussi que, dix-huit mois plus tard, Babeuf louera le régénérateur Robespierre qui a su « voir en grand » et « faucher tout ce qui le gêne »[2]. Mais il faut surtout dire qu'avec Thermidor, et sur l'autre bord, c'est son âge d'or que va connaître l'opinion publique, en même temps qu'elle va devenir un signal idéologique identifiable comme tel.

OPINION PUBLIQUE, OPINIONS PRIVÉES, INSTRUCTION PUBLIQUE

Pour comprendre cela, il faut revenir à Condorcet qui avait posé avec force le problème de l'opinion publique et des opinions individuelles. L'objectif à ses yeux n'était pas seulement de ne pas dégrader les connaissances en opinions en les enseignant[3], mais aussi de ne pas faire passer les opinions pour des connaissances *via* l'instruction en les y incorporant par contrebande, ce qui n'est pas la même chose : on peut transformer le bon grain en ivraie (ainsi la science se dégrade-

---

1. Babeuf, *Écrits, op. cit.*, p. 270.
2. *Ibid.*, p. 342.
3. Voir *supra*, chap. IV, p. 140.

t-elle en catéchisme), mais on peut aussi faire passer l'ivraie pour du bon grain (et le simple préjugé se déguise alors en axiome). C'est pourquoi il importe au plus haut point de :

> concilier l'influence sur l'instruction qui est à la fois, pour la puissance publique, un droit et un devoir, avec le devoir non moins réel de respecter l'indépendance des esprits ; c'est le seul moyen de lui [l'instruction ? La puissance publique ?] conserver une activité utile, sans nuire à l'activité des opinions [1].

Cet impératif est à double entrée. D'un côté, il faut interdire à l'État de dicter « la doctrine commune du moment comme des vérités éternelles » et de « consacrer les préjugés qui lui sont utiles » [2]. Bref, on ne recréera pas une orthodoxie sous couvert de science. On ne retournera pas un instrument d'émancipation en un appareil de servitude. Et l'on ne s'étonnera pas de voir Condorcet retrouver ainsi péjorativement le syntagme dont Leibniz avait fait un usage positif en 1716 quand il avait évoqué la « doctrine commune et publique » des Chinois en matière de religion [3] : de *doctrine* publique au sens propre, on ne peut plus parler que pour en conjurer le péril. Condorcet y insistera ailleurs :

> Aidons les développements des facultés humaines pendant la faiblesse de l'enfance, mais n'abusons pas de cette faiblesse pour les mouler au gré de nos opinions, de nos intérêts ou de notre orgueil.
> Inspirons à la génération naissante l'amour de la patrie, mais à mesure que les relations qui doivent le faire naître

1. *Cinq mémoires...*, II, *op. cit.*, p. 142.
2. *Ibid.*, I, p. 91.
3. *Discours sur la théologie naturelle des Chinois*, § 49, Paris, L'Herne, 1987, p. 121.

> lui deviendront familières. Évitons surtout d'y mêler nos
> opinions, fussent-elles vraies; bientôt elles seraient
> corrompues par des erreurs[1].

Cette corruption ne résulterait pas d'une métamorphose de
la vérité en opinion par le fait d'un enseignement dogmatique
qui ne se justifierait pas analytiquement, mais de l'habitude
d'adhérer à des opinions vraies qui entraînerait tôt ou tard
l'adhésion à des opinions fausses : dès lors qu'on croit sans
exiger de comprendre, on s'expose à croire sans discernement
possible.

D'un autre côté, respecter l'indépendance des esprits, cela
signifie aussi garantir la pureté des sciences qu'il s'agit de
transmettre et reléguer les opinions dans l'espace privé de
l'homme. Il s'agit alors de durcir le clivage entre les deux
sphères. La « connaissance des droits primitifs de l'homme
et des devoirs simples et généraux que l'ordre social impose
à tous les citoyens »[2] est une chose, ce sont ces principes
premiers que nous avons déjà rencontrés et qui sont destinés à
devenir opinion publique, puis à inspirer les gouvernants et à
pénétrer la masse même du peuple; on doit donc en instruire
les futurs citoyens. Les opinions religieuses sont autre chose :

> On doit soigneusement séparer cette morale de tout rapport
> avec les opinions religieuses d'une secte particulière : car
> autrement il faudrait donner à ces opinions une préférence
> contraire à la liberté. Les parents seuls peuvent avoir le droit
> de faire enseigner ces opinions, ou plutôt la société n'a pas
> celui de les en empêcher. En exerçant ce pouvoir, peut-être
> manquent-ils aux règles d'une morale sévère, peut-être leur
> bonne foi dans leur croyance n'excuse-t-elle pas la témérité

---

1. *Tableau historique*, *op. cit.*, p. 839.
2. *Cinq mémoires…*, II, *op. cit.*, p. 127.

de la donner à un autre, avant qu'il soit en état de la juger ;
mais ce n'est pas là une de ces violations directes du droit
naturel, commun à tout être sensible, contre lesquelles les lois
de la société doivent protéger l'enfance en la défendant de
l'autorité paternelle.

Il ne faut pas même lier la morale aux idées générales de
religion. […] Pourquoi appuyer sur des croyances incertaines
des devoirs qui reposent sur des vérités éternelles et
incontestées ? Et qu'on ne dise pas qu'une telle opinion est
irréligieuse ! Jamais, au contraire, la religion ne deviendrait
plus respectable qu'au moment où elle se bornerait à dire :
"Vous connaissez ces devoirs que vous impose la raison,
auxquels la nature vous appelle, que vous conseille l'intérêt
de votre bonheur qu'ils vous promettent, que votre cœur
même chérit dans le silence de ses passions : eh bien, je
viens vous proposer de nouveaux motifs de les remplir ;
je viens ajouter un bonheur plus pur au bonheur qu'ils vous
promettent, un dédommagement au sacrifice qu'ils exigent
quelquefois ; je ne vous donne pas un joug nouveau ; je veux
rendre plus léger celui que la nature vous imposait ; je ne
commande point, j'encourage et je console" [1].

Remarquable compromis : il faut une fois pour toutes
donner raison à Bayle et même étendre au corps social la
possibilité d'un athéisme vertueux rationnel ; c'est exactement
ce dont Mme de Staël niera la possibilité [2]. Il faut même donner
raison à d'Holbach en qualifiant les croyances religieuses
d'« incertaines » et en déplorant que des parents puissent juger
bon de les véhiculer. Mais on ne doit pas s'aventurer jusqu'au
bout de cette pente matérialiste et il n'est pas question de le
leur interdire. Même, on peut se souvenir de d'Alembert et

1. *Cinq mémoires…*, II, *op. cit.*, p. 127-128.
2. Voir *supra*, chap. III, p. 76-86.

voir dans la foi une source supplémentaire d'incitation : c'est finalement pour sauver la religion, pour la rendre plus « respectable », qu'il faut l'exclure de l'enseignement ! Bien sûr, l'argument est rhétorique.

Le lecteur de Condorcet distinguera donc bien deux choses. L'opinion publique d'une part, que la raison analytique des philosophes a pour but de former *via* l'école d'un côté, *via* l'imprimé de l'autre car c'est aussi aux « raisons écrites » de l'entraîner pour déterminer les représentants du peuple [1]. Les opinions privées d'autre part, en fait des résidus de superstition voués à dépérir en silence. En Thermidor, dans un contexte où la préoccupation majeure est celle de savoir comment clore au mieux, c'est-à-dire au plus vite mais durablement, la dérive terroriste, on voit rentrer en concurrence l'espace scolaire et l'espace imprimé, la parole instruite du professeur et la thèse argumentée de l'écrivain politique. Et l'on pourrait ici voir naître un clivage de longue portée, spécifiquement français et de ce fait peu compréhensible au-delà de nos frontières, entre « républicains » et « libéraux ».

Dans un camp, on revendique fièrement l'héritage sensualiste des Lumières (Condillac, Helvétius, Condorcet). C'est l'Idéologie dont Destutt de Tracy crée le néologisme en 1796 [2] et dont la fonction est de servir d'armature à l'enseignement de toutes les sciences. Dans une perspective aussi résolument rationaliste, il s'agit moins de former une opinion qu'un *entendement* public : c'est Lakanal, en 1795, lors de l'institution de l'École Normale, qui assigne à celle-ci pour objet de « terminer la révolution dans la République française » en s'attachant à régénérer « l'intelligence d'une

---

1. *Cinq mémoires...*, II, *op. cit.*, p. 140. Et *supra*, chap. IV, p. 138-139.
2. Voir le *Mémoire sur la faculté de penser*, Paris, Fayard, 1992, p. 71.

grande nation », ou encore en travaillant à « la recréation de l'entendement chez un peuple ». Cette entreprise sera doublement uniforme puisqu'on cultivera *partout* la raison humaine avec « une industrie *également* éclairée » : homogénéité du territoire et de l'instruction qui ne saurait manquer de produire «*partout* les mêmes résultats» jusqu'aux Pyrénées et aux Alpes. En pariant ainsi sur l'École pour « mettre la nation tout entière en état d'exercer dignement cette souveraineté qui lui était rendue », on investissait la première d'une fonction immédiatement politique[1]. On lui conférait du même coup le rôle d'un véritable appareil idéologique d'État où l'enseignement de la philosophie se logerait plus tard comme une garantie de civisme et c'est ce qui explique pourquoi nos fonctionnaires philosophes, aujourd'hui, ne peuvent souvent plus dissocier la philosophie d'avec l'enseignement, ni la philosophie d'avec la République. C'est pourquoi aussi ils demeurent si souvent réfractaires à l'histoire de leurs propres institutions : mieux vaut y rester aveugle quand on ne respire que dans l'universel. C'est pourquoi enfin les querelles touchant l'École se font chez nous si brûlantes, tout particulièrement quand il s'agit de revenir sur la scission entre la morale («laïque») et les opinions religieuses : équilibre fragile, voué par nature à se recomposer par à coups. Tout cela commence à se savoir[2], et on comprend que Condorcet, dont on se réclame d'autant plus qu'on le connaît mal, se reconnaîtrait avec peine dans notre catéchèse républicaine, lui qui se

---

1. «Rapport sur l'établissement des Écoles normales du 2 brumaire, l'an III» dans B. Baczko, *Une éducation pour la démocratie*, Paris, Garnier, 1982, p. 474-482.

2. Notamment grâce aux travaux de Pierre Macherey ; voir entre autres *Histoires de dinosaure*, Paris, P.U.F., 1999, spécialement p. 207-250.

souciait au plus haut point d'exclure tout dogme de l'enseignement. On voit aussi que dans cette perspective, on aura bien
du mal à concéder à l'opinion une positivité réelle : sans
doute enseigne-t-on de fait des opinions, mais ce ne peut être
qu'en y voyant tout autre chose, des énoncés rationnellement
recevables.

Passons maintenant sur l'autre bord où nous retrouvons
Mme de Staël. Assurément, en 1798, elle ne se prétend pas
« libérale », par opposition à « républicaine » – ce serait
anachronique. Assurément encore, elle promeut les « vrais
moyens de l'instruction publique » pour remettre la Révolution sur ses pieds, c'est-à-dire « remettre de niveau les institutions et les lumières »[1]. Elle aussi, enfin, s'inscrit dans l'héritage de Condorcet qu'elle mentionne avec Sieyès, Roederer,
Godwin et surtout Benjamin Constant parmi les fondateurs de
la science politique[2] ; en 1800, elle repoussera Godwin en
note, mais fera toujours figurer Condorcet dans l'illustre
généalogie des partisans de la perfectibilité[3] ; en 1818, c'est
avec lui qu'elle prendra ses distances :

> […] Condorcet, dont les hautes lumières ne sauraient être
> contestées, mais qui, cependant a joué, dans la politique, un
> plus grand rôle par ses passions que par ses idées. Il était
> irréligieux comme les prêtres sont fanatiques, avec de la
> haine, de la persévérance, et l'apparence du calme : sa mort
> aussi tint du martyre[4].

---

1. *Des circonstances actuelles…*, introd., *op. cit.*, p. 40.
2. *Ibid.*, II, 4, *op. cit.*, p. 281-282.
3. *De la littérature*, préf. à la seconde édition, *op. cit.*, p. 60.
4. *Considérations…*, *op. cit.*, p. 265. Voir J.-P. Schandeler, *Les interpré-
tations de Condorcet. Symboles et concepts (1794-1894)*, Oxford, Voltaire
Foundation, 2000, p. 98-100.

Il était d'ailleurs tout à fait normal qu'en s'éloignant de la République, Mme de Staël soit conduite à s'éloigner des Lumières en général et de Condorcet en particulier, jusqu'à lui reprocher ce que celui-ci reprochait à Robespierre en affirmant qu'il n'était «qu'un prêtre, et ne sera jamais qu'un prêtre»[1]... Mais dès 1798, lorsqu'elle soutient que les écrivains doivent faire aimer les institutions républicaines à l'opinion[2], elle le fait explicitement *contre les tenants de l'instruction.* Ce n'est pas, bien sûr, qu'il faille négliger celle-ci dont l'importance est incontestable; mais s'en remettre trop vite à elle pour stabiliser la situation, c'est encore une fois prendre les choses à l'envers, accorder aux institutions le pouvoir qui revient aux lumières :

> Les républicains, sentant que l'opinion n'est point encore en harmonie avec la République, demandent et des institutions républicaines et une éducation publique. Ils se trompent en cela d'un degré sur la marche de l'esprit national. Il faut que les lumières précèdent les institutions pour qu'elles puissent s'établir. Le fruit mûr se détache de l'arbre à l'instant où l'on doit le cueillir. [...] L'instruction publique est encore un moyen d'influencer l'esprit national, qui doit suivre et jamais précéder son mouvement. D'abord, à moins d'une tyrannie sans exemple, les pères n'enverront point leurs enfants aux écoles publiques, s'ils ne sont pas convaincus des vérités qu'on y prêche. D'ailleurs, les écrivains font marcher l'esprit public plus vite et plus loin qu'une éducation nationale. Toute institution légale a des bornes positives : elle ne dépasse jamais les idées de ceux qui l'ont fondée. Il y a, au contraire,

---

1. Dans *La chronique de Paris* du 9 novembre 1792 d'après E. Hamel, *Robespierre* (1865-1867), Paris, Ledrappier, 1987, tome II, p. 306. (Je remercie Claude Mazauric d'avoir identifié cette référence.)

2. Voir *supra*, chap. III, p. 85.

dans la lutte de tous les écrivains une émulation qui fait faire chaque jour quelques progrès à toutes les sciences. Le gouvernement donc saute deux intermédiaires en voulant influencer l'esprit public par l'éducation nationale.

Il faut qu'il encourage par des faveurs et des distinctions de tout genre les penseurs d'un certain ordre. Il faut que ces hommes, à l'aide de la liberté de la presse, éclairent la nation, et que la nation éclairée demande les institutions républicaines, l'éducation publique et fonde elle-même ces établissements sous la protection du gouvernement » [1].

La thèse de Mme de Staël est aisément identifiable : Lakanal et les siens sautent « un degré » (les lumières) ou, si l'on préfère, « deux intermédiaires » (les penseurs et la nation) en misant directement sur l'École. Il faut d'abord encourager les écrivains qui formeront l'opinion, laquelle à son tour, ainsi convenablement disposée, demandera d'elle-même l'éducation nationale. Tel est l'ordre dans lequel il faut procéder. Et pourquoi cela ? Parce que la stratégie des Idéologues se heurte à deux obstacles décisifs. Primo, il faut *d'abord* convaincre les pères pour qu'ils acceptent d'envoyer leurs enfants dans les établissements publics, ou alors il faudrait les y contraindre par la loi – « tyrannie sans exemple ». Bref, c'est par la raison qu'il faut amorcer le processus, et non par l'institution. Secundo, par nature, celle-ci *immobilise* l'intelligence, elle l'enferme dans l'armature du droit, elle la paralyse en prétendant l'assurer. C'est que le temps de l'institution est stationnaire, par essence incompatible avec celui du progrès ; aussi faut-il laisser la raison à elle-même, c'est-à-dire à l'émulation des écrivains, et elle progressera continûment. On ne peut pas comprendre ces deux arguments sans tenir compte d'un

---

1. *Des circonstances actuelles...*, II, 4, *op. cit.*, p. 276-277.

héritage de dissident, d'une méfiance par rapport à la loi qui doit beaucoup à un certain protestantisme et qui irriguera en profondeur le libéralisme naissant. En 1768, Joseph Priestley avait publié un *Essai sur les premiers principes du gouvernement* dont le chapitre quatre avait vigoureusement réclamé la liberté d'éduquer ses enfants dans le respect de ses croyances et l'on en entend ici, peut-être *via* Godwin, les échos directs, aussi bien dans la crainte d'un despotisme qui contraindrait les pères à envoyer leur progéniture dans des écoles d'État que dans la suspicion éprouvée *a priori* pour toute « institution légale », lesquelles ne peuvent par essence que contraindre les facultés intellectuelles à la stagnation.

Tout cela explique pourquoi on peut lire des centaines de pages, du côté des Idéologues, sans guère y rencontrer l'opinion publique – c'est de science qu'il est question. Bien entendu, la tradition républicaine n'ignorera pas l'opinion qui sera même à son principe, mais elle fera toujours « de l'éducation de cette opinion à la fois la base et le but de toute action politique et la première des fonctions de l'État »[1]. En revanche, elle obsède la prose de la première génération qui s'identifiera comme « libérale », et Mme de Staël ou Benjamin Constant y verront un rempart bien plus efficace que l'Idéologie contre l'autoritarisme impérial, puis la réaction catholique. Aussi le lecteur ne s'étonnera-t-il pas, dans les pages qui viennent, d'avoir surtout affaire à quelques grands représentants de cette filiation.

---

1. C. Nicolet, *L'idée républicaine en France (1789-1924)*, Paris, Gallimard, 1982, p. 432.

LA CONCURRENCE DES SYNTAGMES

L'opinion publique entendue comme rationalité collective issue plus ou moins mystérieusement des jugements individuels constitue donc, au début du XIXe siècle, comme le noyau dur du libéralisme naissant et elle va satelliser les usages antérieurs : estime publique confiance publique et voix publique vont se trouver prises dans l'orbite de la raison publique et trouver en Grande-Bretagne leur institutionnalisation systématique ; si l'Allemagne est pour Mme de Staël le pays de la pensée, l'Angleterre est celui de l'opinion et c'est à la sixième partie des *Considérations* de 1818 qu'il appartient d'en faire l'apologie : « Enfin, l'opinion règne en Angleterre ; et c'est là ce qui constitue la liberté d'un État » [1]. Nous avons déjà vu comment le crédit était lié à la nature parlementaire du régime [2] : le gouvernement peut emprunter parce que les citoyens lui font confiance, et ils lui font confiance à la fois parce que la publicité y est « le premier principe des finances » et parce qu'il est « éclairé par la discussion et par la liberté de le presse » [3]. Nous pouvons ajouter que l'estime publique est également solidaire d'un tel régime. Comment en effet prétendre représenter la nation sans l'estime des électeurs : « On pouvait faire renaître le besoin de l'estime chez des individus qui s'en sont terriblement passés, en leur rendant nécessaires le suffrage de leurs concitoyens pour être députés » [4] ? Mais le pouvoir exécutif, à son tour, a besoin de l'estime des députés : « La considération publique, en Angleterre, est le premier but

---

1. *Considérations…, op. cit.*, p. 538.
2. Voir *supra*, chap. IV, p. 114.
3. *Considérations…, op. cit.*, p. 526.
4. *Ibid.*, p. 486.

des hommes au pouvoir; [...] Il ne suffit pas de la faveur du maître pour rester en place, il faut aussi l'estime des représentants de la nation; et celle-ci ne peut s'obtenir que par des talents véritables »[1]. Et cela s'étend finalement au corps de la nation car le mérite y est généralement reconnu comme la seule source de réelle supériorité, de telle sorte qu'outre-Manche, «l'estime publique s'exprime d'une manière si flatteuse qu'elle donne des jouissances plus vives que toutes les autres »[2]. Ainsi les significations archaïques se sont-elles agrégées autour du concept moderne qui leur a rétroactivement conféré une cohérence d'ensemble dont elles étaient dépourvues à l'origine.

Mais en présentant les choses ainsi, on demeure, il est vrai, tributaire d'un téléologie fallacieuse. Car si l'on veut faire l'histoire d'un mot, de ses sens et de ses fonctions, une question passionnante – on aimerait dire « généalogique » en entendant le terme en son sens proprement nietzschéen s'il n'était aujourd'hui si malmené – est celle de savoir *comment il s'est imposé* contre d'autres mots dont les prétentions n'étaient *a priori* pas moins légitimes. Il n'était écrit dans aucun ciel des idées que l'«opinion publique» devait être élue plutôt que, par exemple, l'«opinion nationale», la «pensée publique» ou la «raison générale» – tous syntagmes dont on a aussi fait usage. La familiarité dont bénéficie maintenant la première est une familiarité d'après-coup, elle en jouit par le fait d'une victoire qui est en elle-même un problème. Et au lieu de se demander quelles sont les conditions requises, s'il y en a, pour que l'opinion publique puisse valoir légitimement, on peut chercher à comprendre ce qui lui a permis d'acquérir les

1. *Ibid.*, p. 548-549.
2. *Ibid.*, p. 550.

privilèges qu'on lui connaît de nos jours. On a commencé à répondre : parce qu'elle fut la meilleure réponse aux défis induits par la tolérance, parce qu'elle seule semblait en mesure d'en tenir les promesses en désubstantialisant définitivement le lien social, en le soustrayant positivement à toute doctrine. Mais il faut aller maintenant plus loin et demander : pourquoi est-ce dans ce syntagme-là, et pas un autre, que s'est déposée cette réponse, alors que la langue offrait tant d'autres possibilités ?

On ne peut jamais répondre catégoriquement à des questions de ce genre. C'est qu'elles se rapportent à des choix qui, comme tels, comportent une part d'aléatoire : l'usage tranche entre les options disponibles sans obéir à un strict calcul des gains et des pertes. Toutefois, ce n'est pas non plus tout à fait par hasard qu'un signifiant se détache des autres, c'est tout de même qu'il doit présenter des avantages. Lesquels ? Certains sont sans doute phonétiques ; bien que ce soit difficile à démontrer, il y a des mots ou des groupes de mots qui « sonnent » mieux que d'autres – par exemple, « opinion publique » qu'« opinion de la société » – et cela ne doit certainement pas être sous-estimé. D'autres avantages sont sémantiques et ici, au rebours de toute une tradition analytique, il faut revenir à l'idée qu'une certaine équivocité joue *positivement* : si l'univocité paraît une exigence du concept, ce n'est pas elle qui fait le succès d'un maître mot. Il existe au contraire une diversité de sens dont le langage politique a besoin ; plus l'on fait vibrer de cordes à la fois, mieux ça vaut ! Ainsi Mirabeau, qui s'y connaissait en discours, plaidait-il le 16 juin 1789 pour que l'Assemblée se désignât « Assemblée du peuple français » ; pourquoi « peuple » plutôt que « nation » ? Parce qu'il est heureux que notre langue nous ait fourni :

un mot qui se prête à tout, qui, modeste aujourd'hui, puisse agrandir notre existence à mesure que les circonstances le rendront nécessaire, à mesure que, par leur obstination, par leurs fautes, les classes privilégiées nous forceront à prendre en main la défense des droits nationaux, de la liberté du peuple[1].

Bien entendu, on peut objecter que c'est l'usage qui nourrit l'équivoque[2], plus que l'équivoque qui engendre l'usage, mais cela revient à brandir l'œuf contre la poule. En vérité, l'opinion publique fut un concept, mais elle devint très vite un maître-mot et c'est la raison pour laquelle elle éclipsa ses concurrents. Pourquoi, par exemple, « opinion publique » plutôt que « raison », « croyance » ou « préjugé » publics, sinon parce que l'opinion peut être entendue tantôt comme préjugé, tantôt comme croyance, tantôt comme raison, laissant indécise toute préférence ? Pourquoi « opinion publique » plutôt qu'opinion « populaire » ou « des hommes éclairés » ou « du pays » ou « de la société » ? Sans doute parce que le public peut renvoyer *à la fois* à ces divers champs, parce qu'il peut en suspendre les distinctions dans l'heureux flou dont se tissent quotidiennement nos échanges et nos lectures. Bien sûr, nous ne sommes plus ici dans l'ordre de la subsomption, mais de la *suggestion*.

A mieux y regarder, ces rivaux furent de deux sortes, selon qu'on entend par là des *simulacres* ou des *synonymes*. La première catégorie désigne des formes d'opinion qui prennent l'apparence de l'opinion publique pour s'y substituer sournoi-

---

1. F. Furet, R. Halévi, *Orateurs de la Révolution française*, t. I, Paris, Gallimard, 1989, p. 642.

2. Voir *supra*, chap. IV, p. 126.

sement – par exemple, l'«opinion de parti»[1]. La seconde inclut des syntagmes qui sont utilisés à bon droit comme permutables avec l'opinion publique. Ainsi Mme de Staël, dans la même page des *Considérations*, peut-elle employer successivement «l'opinion publique», «l'esprit du temps», «l'opinion populaire», «l'opinion générale» et «l'esprit public»[2]. Ce n'est pas inconséquence ou amateurisme. C'est, pour une part, par souci d'élégance rhétorique : contre la langue précise et univoque des Idéologues, il s'agit d'éviter les répétitions. C'est, pour une autre part, parce qu'elle écrit à un moment de relative hésitation terminologique où le choix est encore possible. C'est enfin sans doute, si l'on y regarde dans le détail, qu'elle fait valoir les petits écarts sémantiques et l'on pourrait montrer, quitte à durcir un peu les choses, que chaque expression introduit des nuances spécifiques. Mais des simulacres aux synonymes (toujours imparfaits), des contrefaçons aux recours, des usurpateurs aux doublures, l'échelle est continue et on la parcourt insensiblement.

Le tableau figurant dans l'annexe 1 prétend mettre tout cela en évidence. Il a été constitué de manière tout à fait artisanale, au fil aléatoire des lectures, sur un corpus exclusivement composé de textes imprimés (à une exception près) français, publiés de 1755 (le second *Discours* de Rousseau) à 1856 (*L'Ancien Régime et la Révolution*). Le principe de sa composition en trois colonnes est simple : on peut faire varier le substantif (opinion), l'épithète (publique), ou les deux ensemble. Pour chaque occurrence, on indique une ou plusieurs références jugées significatives. On pourrait bien sûr modifier

---

1. Voir *supra*, chap. III, p. 80-81 et *infra*, p. 172 ; Mme de Staël, *Des circonstances actuelles…, op. cit.*, I, 5, p. 135

2. *Considérations…, op. cit.*, p. 134-135.

l'encadrement chronologique, la disposition interne à chaque colonne, supprimer certains syntagmes que l'on jugerait peu pertinents et surtout en ajouter d'autres : le lecteur est donc prié de voir là un simple *work in progress*, qu'il réaménagera à sa guise, mais qui, sous sa forme actuelle, s'avère parlant à certains égards. Les analyses qui suivent en prélèvent quelques échantillons en vue de le démontrer.

SIMULACRES

Qu'il faille démarquer la vraie opinion publique de ses simulacres, nous pouvons en trouver un premier témoignage chez Condorcet lui-même, dans un texte remarquable :

> Quand on parle d'opinion, il en faut distinguer trois espèces : l'opinion des gens éclairés, qui précède toujours l'opinion publique et qui finit par lui faire la loi ; l'opinion dont l'autorité entraîne l'opinion du peuple ; l'opinion populaire enfin, qui reste celle de la partie du peuple la plus misérable, et qui n'a d'influence que dans les pays où, le peuple n'étant compté pour rien, la populace oblige quelquefois un gouvernement faible de la compter pour quelque chose [1].

Condorcet témoigne ici d'un souci évident de mise en ordre terminologique, mais il ne s'agit pas seulement de distinguer, il s'agit de discriminer l'opinion publique digne de ce nom d'autres formes qui y ressemblent trop pour ne pas être dangereuses. Étrangement, alors qu'il en annonçait « trois espèces », le texte va en faire intervenir cinq, un peu comme s'il se laissait lui-même déborder par son objet au moment où

---

1. *Réflexions sur le commerce des blés* (1776), part. II, chap. 4, dans *Œuvres, op. cit.*, t. XI, p. 201.

il s'efforçait de le mettre à plat. Il y a d'abord – nous l'avons déjà rencontrée[1] – «l'opinion des gens éclairés» qui est elle-même issue des génies philosophiques et qui va devenir «l'opinion publique», au sens exact du terme, pour autant qu'elle se répand plus largement – jusqu'où au juste, cela semble difficile à déterminer, mais il s'agit plus probablement de la partie du peuple qui lit et qui pense. Survient ensuite une autre instance de détermination, une opinion qui a à voir avec «l'autorité»: sans doute faut-il entendre ce dernier terme par opposition aux lumières et sans doute aussi faut-il le référer aux concurrents des philosophes que désignera le chapitre suivant, à savoir les «administrateurs» d'une part, les «raisonneurs» d'autre part, c'est-à-dire les «auteurs prohibitifs»[2], soit tous ceux qui, par profession, par conviction ou par corruption, prennent parti contre la libéralisation du commerce des blés. Cette opinion-là en entraîne une quatrième, «l'opinion du peuple», lequel peuple demeure ici très indéterminé; peut-être faut-il comprendre «toutes les classes des habitants qui ne font pas profession des études, c'est-à-dire une grande partie de la noblesse, la bourgeoisie depuis l'artiste et le marchand, à peu d'exceptions près, jusqu'au journalier, et tous les cultivateurs sans exception»[3]. Enfin, c'est le tour de «l'opinion populaire» qui se distingue de l'opinion du peuple pour autant qu'elle est en fait l'opinion du bas peuple, de ce que Condorcet appellera plus loin «la

1. Voir *supra*, chap. IV, p. 138.
2. *Réflexions…*, *op. cit.*, p. 208 et 211.
3. C'est la définition que donne R.Z. Becker au début de sa réponse à la question *Est-il utile au peuple d'être trompé…?* (H. Adler, *Nützt es dem Volke, betrogen zu werden?*, *op. cit.*, t. I, p. 10-11). Mais ses concurrents, en répondant autrement, montrent à quel point le mot est surdéterminé.

populace des grandes villes » par opposition à « la saine partie du peuple », et qui est « conduite par des fripons » ou des « méchants ». Elle aussi produit des effets, mais c'est en se faisant craindre du gouvernement dans les États où les classes moyennes ne font pas écran. Inversement, là où le « peuple » est organisé et respecté, il peut contenir « la plus vile populace »[1].

On voit bien ici comment le peuple peut être à la fois la populace susceptible d'émeutes et définitivement incapable de Lumières, le « gros de la nation »[2] sujet à des préjugés entretenus par l'autorité de ceux qui ont intérêt à les y maintenir, et le public, c'est-à-dire en fait le peuple perméable à la raison, le peuple en tant que ses préjugés sont rectifiables : « [...] je ne crois pas non plus ce préjugé incorrigible » écrit Condorcet dans le même chapitre. L'opinion publique est donc ici la philosophie qui s'est déposée dans les esprits en mesure d'en saisir au moins les conclusions, au mieux les démonstrations. Publique, au fond, elle l'est trois fois : *c'est l'opinion que le public, c'est-à-dire le peuple en tant qu'éclairé, prononce publiquement sur des questions d'intérêt public.* Mais le ton très elliptique de ce texte (qui demeure excessivement lapidaire) atteste aussi combien il est à la fois indispensable et délicat d'opérer le départ nécessaire entre l'opinion ayant le public pour sujet et les opinions renvoyant à des sujets qui pourraient bien prétendre être le public. En un sens donc, l'obscurité du syntagme répercute les équivoques de l'épithète : l'« opinion » est plus ou moins rationnelle selon le « public » qu'on lui assigne. Et cet imbroglio exprime un

1. *Réflexions...*, *op. cit.*, p. 205-211.
2. Pour parler comme Castillon en 1780 (*Nützt es dem Volke, betrogen zu werden ?, op. cit.*, t. I, p. 152).

conflit dont l'enjeu est, lui, assez clair : il s'agit de localiser la véritable opinion publique dans un contexte où elle est, par hypothèse, porteuse de légitimité – si elle ne l'était pas, la question ne se poserait pas. Or la véritable opinion publique est là où les philosophes se font entendre ; *a contrario*, là où les lumières ne pénètrent pas, il existe des opinions non publiques (du peuple, de la populace) qui résultent d'intérêts illusoires et coupables. Bref, dès lors que l'opinion publique se définit comme une puissance légitime, une expression non juridique de la souveraineté, on se trouve inévitablement contraint de la purifier toujours à nouveau, de la différencier de toutes les formes d'opinion qui s'y substituent plus ou moins naturellement. Elle se trouve ainsi prise dans un processus de redéfinition polémique permanente qu'il serait tout à fait vain de prétendre clore une fois pour toutes autrement qu'en invalidant le concept lui-même et en déclarant, comme Walter Lippmann en 1925, qu'elle est un fantôme [1].

On peut constater cela à plus grande échelle, en examinant les multiples usurpations que prennent soin d'écarter Mme de Staël et Benjamin Constant. Nous avons rappelé plus haut comment l'opinion publique s'opposait à l'opinion *de parti* [2] ; en tant que telle, elle se nomme encore opinion « universelle », « nationale » ou « générale » [3]. Cette valorisation de

---

1. Voir *L'opinion publique. Perspectives anglo-saxonnes*, *Hermès*, n°31, 2001, *op. cit.*, p. 67-76.

2. Voir *supra*, chap. III, p. 168.

3. « Quand une fois, le principe sur lequel il [le gouvernement] repose a été reconnu d'une évidence incontestable, il se forme à cet égard une *opinion universelle* dont l'influence est toute-puissante » (Ak *circonstances actuelles…*, *op. cit.*, p. 26 – je souligne). « Tous ceux qui occupent un emploi quelconque, les noms signalés dans les divers partis, ne composent point l'*opinion nationale* » (*Ibid.*, p. 321 – je souligne). « […] mais pouvait-on

l'unanimité tend naturellement à disqualifier toute institution spécifique qui prétendrait monopoliser l'opinion publique : c'est à propos des partis et des clubs que Mme de Staël demande de « ne pas confondre ces autorités en dehors [*sic*], dont l'existence est si nuisible, avec l'opinion, qui se fait sentir partout, mais ne se forme en corps politique nulle part »[1]. Elle n'est pas un fantôme, un leurre, elle est un souffle qui déborde tout corps constitué. L'identification tacite du public et de la nation disqualifie par principe toute opinion de corps et la transforme en revendication « corporatiste ».

Mais il faut encore opposer l'opinion publique à l'opinion *factice* ou *apparente*, c'est-à-dire à celle qui est fabriquée de toutes pièces par une presse aux ordres, ce qui est peut-être moins nouveau qu'on ne pouvait l'affirmer sous l'Empire :

> Mais quand l'opinion de tout l'empire est soumise à l'*opinion apparente* de la capitale, ce gouvernement n'a sa base que dans cette capitale. [...]
> Il est donc essentiel pour le gouvernement qu'on puisse créer dans toutes les parties de la France une opinion juste, forte, indépendante de celle de Paris sans lui être opposée, et qui, d'accord avec les véritables sentiments de ses habitants, ne se laisse jamais aveugler par une *opinion factice*[2].

imaginer que ces privilégiés, qui s'étaient montrés la veille si violents contre les abus du pouvoir royal, défendaient le lendemain toutes les injustices du leur, avec un acharnement si contraire à l'*opinion générale*? », (Mme de Staël, *Considérations...*, *op. cit.*, p. 134, je souligne).

1. *Considérations..., op. cit.*, p. 235.

2. B. Constant, « De la liberté des brochures », *op. cit.*, p. 1231 (je souligne). Voir aussi Mme de Staël, *Dix années d'exil*, chap. 17 (Paris, Plon, 1904, p. 133) : « [...] et Bonaparte joint à cette idée commune à tous les despotes, la censure, une ruse particulière à ces temps-ci : c'est l'art de

Mais l'opinion publique doit encore être distinguée de l'opinion *du monde*, ou plutôt « de ce qu'on appelle le monde »[1] ; autre dire qu'elle se distingue de l'estime publique avec laquelle l'identifiait Prévost : il est bien vrai que le jugement moral porté par de prétendues élites tyrannise les individus, et d'abord les femmes, mais précisément il n'est pas l'opinion publique et c'est pourquoi on peut défendre celle-ci tout en combattant celle-là. Or cette opinion du monde semble bien identique à « *la mode* qui est l'opinion d'une certaine classe »[2]. Elle exerce en tout cas la même tyrannie :

> [...] et comme les Français sont passés maîtres dans l'art de causer, ils se sont rendus souverains de l'opinion européenne, ou plutôt de *la mode, qui contrefait si bien l'opinion*[3].

A son tour, l'opinion à la mode se confond avec l'opinion *du moment* :

> C'est pour obtenir du crédit ou du pouvoir qu'on étudie la direction de l'opinion du moment ; mais qui veut penser, qui veut écrire, ne doit consulter que la conviction solitaire d'une raison méditative[4].

---

proclamer une *opinion factice* par des journaux qui ont l'air d'êtres libres tant ils font de phrases dans le sens qui leur est ordonné ».

1. Mme de Staël, *Delphine*, III, 11, *op. cit.*, t. I, p. 410 et IV, 9, t. II, p. 32.

2. Mme de Staël, *Des circonstances actuelles...*, *op. cit.*, p. 68 (je souligne).

3. Mme de Staël, *De l'Allemagne*, I, 9 (*op. cit.*, t. I, p. 93 ; je souligne). Voir aussi I, 4 (t. I, p. 72) : « Rien n'est si barbare que la vanité ; et comme la société, le bon ton, *la mode*, le succès, mettent singulièrement en jeu cette vanité, il n'est aucun pays où le bonheur des femmes soit plus en danger que celui où tout dépend de ce qu'on appelle l'opinion, et où chacun apprend des autres ce qu'il est de bon goût de sentir » (je souligne).

4. Mme de Staël, *De la littérature*, II, 1, *op. cit.*, p. 300.

L'alternative est bien brutale qui rejette l'opinion ambiante au profit d'une pensée intérieure : la première ne sert qu'à satisfaire de coupables ambitions et c'est la seconde qui est du côté de la raison. Entre les deux, aucun espace disponible. Tout se passe comme si Mme de Staël n'osait pas opposer ici frontalement opinion du moment et opinion publique et, à vrai dire, on comprend bien son embarras : dans le principe, il est aisé de démarquer un usage collectif de la raison qui s'effectue dans une durée où il ne cesse de se perfectionner d'avec la coagulation provisoire de jugements erronés ou encore de « la représentation métaphysique de quelques intérêts personnels »[1]. Mais comment alors ne pas soupçonner que la distinction est impossible et que l'opinion du moment n'est rien d'autre que l'opinion publique dépouillée de sa légitimité ? Il ne reste alors que la raison solitaire.

En 1850, Tocqueville n'écrit pas moins significativement :

> La Chambre, il est vrai, était en ce moment réduite à une singulière impuissance, sa majorité étant méprisée et sa minorité dépassée par *l'opinion du jour*. Mais M. de Beaumont oubliait que c'est surtout en temps de révolution que les moindres organes du droit, bien plus, les objets extérieurs eux-mêmes qui rappellent à *l'esprit du peuple* l'idée de la loi, prennent le plus d'importance ; […][2].

Ce qui s'oppose à l'opinion du jour, ce n'est pas ici l'opinion publique, mais « l'esprit du peuple » qui renvoie à un passé institutionnel – Tocqueville évoque ensuite la tradition – et à un sujet substantiel. L'esprit leste l'opinion, il lui confère un poids qui lui évite de se dissiper à chaque aube nouvelle.

---

1. *Ibid.*
2. *Souvenirs*, I, *Œuvres*, *op. cit.*, t. III, p. 763, (je souligne).

En 1824, on voyait Constant croiser ces deux derniers syntagmes en invoquant positivement l'« esprit du jour » :

> *L'esprit du jour* se compose des opinions du jour, telles qu'elles se sont formées par l'action des circonstances, à l'aide des antécédents ; car elles ne naissent pas spontanément et isolément dans la tête des hommes : l'esprit du jour naît des intérêts du jour, tels que les habitudes, les spéculations, les progrès de l'industrie les ont faits ; l'esprit du jour est l'expression des besoins du jour. N'essayez donc ni d'évoquer péniblement l'esprit de la veille, ni d'appeler trop vite et imprudemment l'esprit du lendemain [1].

L'opinion du moment retrouve ses lettres de noblesse pour autant qu'on la réinscrit dans une continuité historique. Elle n'est alors pas simple mode, apparition fugace et contingente, elle est « esprit » en tant qu'elle est un effet de ce qui la précède, à savoir des antécédents et des circonstances qui se concrétisent dans des intérêts (ou des besoins), lesquels à leur tour se cristallisent en opinions selon des modalités sur lesquelles reviendra le chapitre suivant. Que ce critère de distinction soit opératoire n'est bien sûr pas assuré pour autant…

Pour identifier l'opinion publique, on peut, positivement, s'efforcer de décrire le jeu de sa composition, mais on a vu que cela restait assez imprécis [2]. On peut aussi, négativement, la démarquer de ce qu'elle n'est pas, mais on voit que la discrimination risque de demeurer, elle aussi, très nominale. On peut bien sûr tenter de pousser plus loin ce travail d'élucidation et c'est ce qu'ont entrepris tous ceux qui se sont attachés

---

1. *Commentaire de l'ouvrage de Filangieri*, conclusion, *op. cit.*, p. 325-326 (je souligne).
2. Voir *supra*, chap. IV, p. 129-136.

à formuler les réquisits d'une opinion publique réelle au xxe siècle. On peut encore essayer de contourner ces obstacles. Cela peut vouloir dire soit disjoindre la démocratie de l'opinion publique pour sauver la première des embarras de la seconde – on déclarera alors que celle-ci n'existe pas et même qu'elle est une fiction dont doivent s'émanciper les pratiques démocratiques –; soit renoncer à la démocratie en même temps qu'à l'opinion publique – on déclarera alors que le citoyen incompétent ne remplacera jamais l'expert et on jettera le bébé avec l'eau du bain. Inutile d'évoquer ici la possibilité de favoriser l'opinion publique sans la démocratie : c'est le *populisme* dont nous redécouvrons chaque jour ce qu'il signifie.

SYNONYMES

Il nous reste à opérer quelques confrontations ayant pour but de comprendre les motifs qui ont pu conduire à préférer « opinion publique » à d'autres syntagmes qui ont été de fait utilisés, parfois très souvent, mais qui lui ont cédé la place.

C'est par exemple le cas d'*esprit public*. Il est d'usage extrêmement fréquent dans les œuvres de Mme de Staël, pour ne citer qu'elle, et on pourrait fréquemment le permuter avec « opinion publique » sans inconvénient. Pourquoi alors dire « opinion » plutôt qu'« esprit » ? Ce peut être par souci d'économie ontologique : éviter « esprit », c'est écarter la substantialisation du sujet de l'opinion, dont nous venons de voir qu'elle pouvait inversement, dans certains cas, apparaître elle-même comme un gage opportun de stabilité. Ce peut être encore pour mettre à profit une heureuse ambiguïté : en effet, l'opinion peut être sujet ou objet, active ou passive, opinion se construisant selon des modalités immanentes ou opinion issue de forces externes, opinion factice ; l'esprit, en revanche, s'entend spontanément comme sujet[1] et l'on voit mal comment parler d'un esprit factice ou apparent. Mais la meilleure explication est sans doute ailleurs, dans le partage qu'a opéré la langue entre, d'une part, le jugement, fondé ou non, que porte le public sur des questions d'intérêt public et, d'autre part, le sens de l'intérêt public, c'est-à-dire l'esprit *civique*. Quand Mme de Staël dit que « les écrivains font marcher l'esprit public plus vite et plus loin qu'une éducation nationale »[2], veut-elle dire qu'ils transforment plus efficacement l'opinion publique ou qu'ils favorisent mieux le patriotisme? Il est impossible de trancher. Mais quand elle écrit ailleurs : « Un enthousiasme sincère et désintéressé animait alors tous les Français; il y avait de l'esprit public; et, dans les hautes classes, les meilleurs étaient ceux qui désiraient le plus vivement que la volonté de la nation fût de quelque chose dans la direction de leurs propres intérêts »[3], elle ne parle manifestement pas de l'opinion publique : elle veut dire qu'en 1788, lors de ce que l'on a appelé la « révolution nobiliaire », c'est le sens de l'intérêt national qui prédominait en France, y compris chez les privilégiés.

Cette répartition des usages s'observe très nettement dans un mémoire rédigé en 1829 et en français par un écrivain balte qui séjournait à Paris, Theodor von Faber[4]. Il y définit l'opinion publique ou générale par « l'opinion du plus grand nombre, produite par ses intérêts » et l'esprit public par « la noble

---

1. Même s'il peut en aller autrement comme chez Montesquieu où il désigne un résultat (*De l'esprit des lois*, XIX, 3).

2. Voir *supra*, p. 161.

3. *Considérations…, op. cit.*, p. 114-115.

4. Et sur lequel ma collègue de Moscou, Véra Milchina, a aimablement attiré mon attention, ce dont je la remercie sincèrement.

abnégation personnelle en faveur de la cause commune ». Les deux concepts se trouvent alors explicitement articulés comme suit : « [...] il faut créer dans l'opinion générale un *esprit public*, seul guide et modérateur des écarts auxquels elle est exposée » ; c'est dire que le civisme, en tant qu'il conduit à préférer l'intérêt général à l'intérêt particulier, doit être comme la boussole de l'opinion, laquelle se trouve souvent faussée et abandonnée aux passions les plus basses. L'esprit public dirige l'opinion publique vers le bien, il ne s'y identifie pas.

Faisons varier maintenant l'adjectif : pourquoi ne pas parler d'*opinion nationale* ? Mme de Staël encore : « L'autorité de la raison est immense, dès qu'elle peut se montrer sans obstacles. L'on a beau faire depuis quinze ans, rien ne relèvera dans l'opinion nationale les abus que la force seule avait maintenus »[1] – on pourrait ici sans conséquence substituer « l'opinion publique ». Mais la tradition libérale a pu trouver un avantage à éviter la référence à la nation, et au pathos révolutionnaire qui s'y attachait : « Avant le mot de République, c'est le mot de Nation qui marque la France moderne. C'est elle que la Constitution de 1791 investit de la souveraineté [...] »[2]. On peut le vérifier *a contrario* en examinant la terminologie adoptée en 1806-1807 par Destutt de Tracy lorsqu'il récuse la typologie des gouvernements opérée par Montesquieu : à la tripartition république / monarchie / despotisme, il substitue l'opposition entre gouvernements *nationaux*, c'est-à-dire « qui sont fondés sur la maxime que tous les droits et tous les pouvoirs appartiennent toujours au corps entier de la nation », et gouvernements *spéciaux*,

---

1. *Considérations...*, *op. cit.*, p. 186.
2. C. Nicolet, *L'Idée républicaine...*, *op. cit.*, p. 400.

c'est-à-dire « tous ceux, quels qu'ils soient, où l'on reconnaît d'autres sources légitimes de droits et de pouvoirs que la volonté générale […] »[1]. Cette dichotomie implique bien qu'il n'existe de gouvernement légitime que national. Pour prendre un dernier exemple, quand on voit Tocqueville, en 1835, écrire : « Ceux qui veulent attaquer les lois sont donc réduits à faire ostensiblement l'une de ces deux choses : ils doivent ou changer l'opinion de la nation, ou fouler aux pieds ses volontés »[2], on peut observer qu'en associant l'opinion à la nation, il tend à la résorber dans la *volonté* nationale et à lui conférer un sens tout autre et bien plus lourd que celui d'un échange argumentatif par voie de presse.

Cela dit, il faut ajouter que « publique » fait jouer de précieuses équivoques. Car si elle s'oppose à « particulier » et renvoie à l'intérêt général autant que « nationale », elle s'oppose encore à « caché » et renvoie à « publicité », c'est-à-dire à la grande exigence d'un pouvoir qui cesserait d'œuvrer dans l'ombre louche des cabinets. Elle s'oppose encore à « privé » et emporte ainsi avec elle l'opposition cardinale entre la liberté des anciens et celle des modernes. Ces couples disparaissent quand on parle d'« opinion nationale ». Cela ne signifie pas que ce dernier syntagme soit moins riche, et encore moins que la « nation » aurait été effacée dans la langue politique française ultérieure. Mais cela peut peut-être expliquer pourquoi, en ce qui concerne l'opinion, dont les libéraux ont fait l'un de leurs thèmes privilégiés, la qualification libérale l'a emporté sur l'épithète républicaine.

---

1. *Commentaire sur* L'esprit des lois *de Montesquieu*, chap. 2 et 3, Paris, Delauney, 1819, p. 14 et 23.

2. *De la démocratie en Amérique*, vol. I, part. II, chap. 6, *Œuvres, op. cit.*, t. II, p. 276.

Faisons enfin varier les deux termes ensemble : pourquoi opter pour l'opinion publique plutôt que pour le *vœu général* (qu'on nomme encore vœu « public » ou « national »)? Nous avons vu que Constant faisait jouer celui-ci comme euphémisation de la volonté générale[1]. Mais il est possible d'aller maintenant plus loin en revenant au même plaidoyer publié en 1814 pour défendre la liberté des brochures et des pamphlets, « sauf la responsabilité des auteurs et imprimeurs », dans un pays « où les lois, pour être efficaces, doivent non seulement être bonnes, mais conformes au vœu général » :

> C'est quand une loi est proposée, quand ses dispositions se discutent, que les ouvrages qui ont rapport à cette loi peuvent être utiles. Les pamphlets, en Angleterre, accompagnent chaque question politique jusque dans le sein du Parlement. Toute la partie pensante de la nation intervient de la sorte dans la question qui l'intéresse. Les représentants du peuple et le gouvernement voient à la fois et tous les côtés de la question présentée, et toutes les opinions attaquées et défendues. Ils apprennent non seulement toute la vérité, mais, ce qui est aussi important que la vérité abstraite, ils apprennent comment la majorité qui écrit et qui parle considère la loi qu'ils vont faire, la mesure qu'ils vont adopter. Ils sont instruits de ce qui convient à la disposition générale ; et l'accord des lois avec cette disposition compose leur perfection relative, souvent plus essentielle à atteindre que la perfection absolue. Or la censure est au moins un retard[2].

L'opinion publique se détermine donc ici comme le vœu général, lequel se superpose à la « disposition générale », et cette généralité renvoie à la « partie pensante de la nation »,

---

1. Voir *supra*, chap. IV, p. 135.
2. « De la liberté des brochures… », *op. cit.*, p. 1222-1223.

d'où émane « la majorité qui écrit et qui parle ». L'argument est double. D'une part, la discussion publique éclaire les pouvoirs législatifs et exécutifs en leur montrant le problème sous toutes ses coutures, elle favorise donc leur perspicacité et se trouve ainsi pourvue de l'intelligence « organique » que lui refuse Hegel à peu près au même moment[1]. D'autre part, cette même discussion permet aux mêmes pouvoirs de percevoir l'état des esprits et de mesurer jusqu'où ils peuvent aller sans choquer celui-ci. Les responsables politiques ne comprendront pas seulement mieux le problème à résoudre, ils sauront comment le résoudre concrètement, en adéquation avec ce que Montesquieu nommait « l'esprit général de la nation » – Montesquieu, dont Constant retrouve bien sûr ici le fameux Solon, celui qui avait su se résigner sagement à ne donner aux Athéniens que les meilleures lois « de celles qu'ils pouvaient souffrir »[2]. Le vœu général s'oppose ainsi à la « vérité abstraite » autant qu'à la volonté générale.

Quelle raison avait-on alors, sur la durée, de lui préférer l'opinion publique ? Ce n'est pas seulement qu'il faut préférer « public » à « général » pour les raisons déjà évoquées – qui dit public dit publicité. C'est aussi que l'opinion ne fait pas que vouloir, elle est *à la fois* le jugement et la volonté. C'est enfin que le vœu n'est pas volonté, il se borne à souhaiter, tandis que l'opinion peut vouloir, de sorte qu'elle se trouve chargée d'un pouvoir de revendication plus agressif. Bref, choisir l'opinion publique contre le vœu général, c'était sans doute opter pour un syntagme moins respectueux de la représentation nationale, pour une appréciation collective de la conjoncture

---

1. *Principes de la philosophie du droit*, § 316-318.
2. *De l'esprit des lois*, XIX, 21.

réclamant d'être plus impérativement prise en compte dans le travail législatif.

Quoi qu'on pense de ces coups de sonde qui risquent d'autant plus de se perdre en eaux troubles qu'on s'exerce ici dans l'ordre des suggestions, des petites différences, des aperçus fugitifs et des évocations évanescentes, il ne semble pas excessif d'en inférer qu'en procédant ainsi, on répond un peu mieux à la question initiale. On démêle un peu moins mal les jeux linguistiques, idéologiques et conceptuels qui ont commandé la constitution de l'«opinion publique» en une puissance à laquelle revient virtuellement toute légitimité sans qu'on puisse aisément lui refuser toute consistance, en un spectre qui hante les discours politiques parce qu'il vaut toujours mieux l'avoir de son côté, et en un objet d'études à part entière puisqu'il faut bien élucider, si elles existent, les conditions nécessaires et suffisantes de son exercice. Mais on n'a pas pour autant tiré toutes les conséquences de ses origines théologico-politiques : car si l'opinion publique fut la formule développée de la tolérance, elle devait aussi, par hypothèse, envelopper le risque d'une régression dogmatique.

CHAPITRE VI

LES OMBRES

L'opinion publique s'est imposée parce qu'elle permettait de penser jusqu'au bout la désubstantialisation du « lien social » et d'en faire le lieu d'une discussion permanente de telle sorte que le désaccord soit inscrit au cœur même du corps politique. Ainsi seulement pouvait-on relayer Bayle et concevoir de fait un athéisme collectif, une communauté réellement dépourvue de toute croyance dogmatique, qui se réfléchisse et se déploie continûment dans l'espace ainsi libéré. Ainsi encore pouvait-on entreprendre d'instituer une solidarité d'intelligences où chacun, optimiste et résolu, se prenne en charge en relation avec les autres. Par hypothèse, tout ce qui contribue alors à reconduire ces intelligences à une doctrine publique qu'il s'agirait de recevoir passivement, de confiance, ne peut être perçu que comme une rechute dans ce que l'opinion libre avait précisément pour fonction d'écarter, comme une fixation des esprits où leur autonomie s'abdiquerait résignée, comme un retour désespérant de Dieu dont on aurait trop vite cru se débarrasser.

Bien entendu, de telles formulations sont plutôt tendancielles, et rares sont ceux qui, tel Godwin, ont effectivement et héroïquement tenté de concevoir une communauté construisant ses opinions selon des modalités strictement immanentes. Les auteurs que nous avons rencontrés en reviennent toujours à une appréhension verticale de l'opinion, celle-ci émanant d'une élite lettrée et se propageant vers le haut, en direction de l'État, comme vers le bas, en direction des masses. Toutefois, même en considérant les choses ainsi, le souci d'empêcher la pétrification des vérités qu'on lance dans l'épaisseur du corps social est manifeste et l'on a vu comment Condorcet en apportait un témoignage remarquable en éliminant toute « espèce de catéchisme »[1] et en s'assurant que l'autorité, en cours de route, n'usurpe pas les droits irremplaçables de l'analyse. Certes, Constant ou Guizot restent en retrait de pareilles attitudes et Condorcet lui-même n'est pas toujours très clair. Mais cela atteste à quelle condition nécessaire et suffisante l'opinion peut demeurer à la hauteur de son principe : à condition de toujours conserver sa fluidité naturelle et de ne jamais se retourner en aucun *credo*.

Le théologico-politique devient ainsi le *doxo-politique*. De là se déduisent facilement les trois grands périls qui devaient très vite – dès la première moitié du XIXe siècle – condenser les inquiétudes. D'abord, l'instrumentalisation, c'est-à-dire l'asservissement de l'opinion publique à des intérêts extérieurs au champ de son expression. Ensuite, la sédimentation, c'est-à-dire sa résorption en une nouvelle vulgate qui interdirait à nouveau à l'ego rationnel d'exercer librement ses facultés. Enfin, la dévaluation, c'est-à-dire son éparpillement en simples opinions volatiles, s'effaçant à peine apparues au profit d'une actualité essentiellement évanouissante.

---

1. Voir *supra*, chap. IV, p. 140.

OPINION PUBLIQUE OU INTÉRÊTS PRIVÉS ?

Balzac, pour des raisons qui n'étaient pas du tout contingentes et qui tenaient à la formidable acuité avec laquelle il radiographiait son propre présent, diagnostiqua très vite l'inféodation de la presse à des intérêts exogènes : « Est-ce qu'il y a des opinions aujourd'hui ? Il n'y a plus que des intérêts », déclare cyniquement des Lupeaulx dans *Splendeurs et misères des courtisanes*[1].

Quels intérêts, sinon bien sûr, en premier lieu, celui des *partis* politiques : « Le Journal, au lieu d'être un sacerdoce, est devenu un moyen pour les partis. [...] Un journal n'est plus fait pour éclairer, mais pour flatter les opinions »[2]. Lapidaire, la critique est aussi suggestive. Que le métier de journaliste soit un sacerdoce, cela signifie évidemment d'abord qu'il exige autant d'abnégation que la prêtrise, mais aussi que sa fonction a quelque chose à voir avec celle-ci. Qu'il faille lui opposer une presse démagogique qui se borne à flatter « les opinions » au pluriel et qui, en ce sens, interdise la formation d'une opinion publique réelle n'est pas moins significatif. En allant dans cette direction, on retrouverait certainement l'inquiétude d'une société où la religion, « le seul contrepoids efficace aux abus de la suprême puissance », mais aussi à l'indocilité naturelle du pauvre, fait défaut[3]. Et l'on retrouverait l'essor d'une nouvelle puissance, parfois désignée comme une « tyrannie » dont le triomphe « fait de notre pays une même

---

1. *La Comédie humaine*, Paris, Gallimard, 1976-1981, t. VI, p. 435.
2. *Les illusions perdues*, II, t. V, p. 404.
3. *Le médecin de campagne*, III, t. IX, p. 512 et *Eugénie Grandet*, t. III, p. 1101-1102 : « L'avenir, qui nous attendait par-delà le requiem, a été transposé dans le présent. [...] Quand cette doctrine aura passé de la bourgeoisie au peuple, que deviendra le pays ? ».

province », mais qui n'en est qu'à ses débuts : « Tout, dans dix ans d'ici, sera soumis à la publicité »[1].

La plus grande puissance toutefois, c'est sans doute *l'argent*. Tel est le grand thème de *César Birotteau*, l'utilisation de la presse par les intérêts commerciaux, le sinistre retournement de la publicité comme catégorie des Lumières – politique s'offrant sans crainte au tribunal public – en publicité comme réclame   asservissement du Journal à la cupidité marchande. Le génie du petit Popinot consiste à accompagner l'activité du représentant de commerce, l'illustre Gaudissart, d'une campagne de presse dont la description militaire dit bien l'agressivité. Sa maison, en effet :

> triompha dans l'opinion, grâce aux faméliques assauts livrés aux journaux et qui produisit cette vive publicité obtenue par la Mixture brésilienne et par la Pâte de Regnault. À son début, cette prise d'assaut de l'opinion publique engendra trois succès, trois fortunes et valut l'invasion de mille ambitions descendues depuis en bataillons épais dans l'arène des journaux où elles créèrent les annonces payées, immense révolution ! […]
> Incapable de mesurer la portée d'une pareille publicité, Birotteau se contenta de dire à Césarine : "Ce petit Popinot marche sur mes traces ! " sans comprendre la différence des temps, sans apprécier la puissance des nouveaux moyens d'exécution dont la rapidité, l'étendue, embrassaient beaucoup plus promptement qu'autrefois le monde commercial[2].

Popinot est un Napoléon commerçant, son rapport à l'opinion publique est celui d'un conquérant, il livre et gagne

---

1. *Ursule Mirouët*, I, t. III, p. 798 et *Les illusions perdues*, II, t. V, p. 403.
2. *César Birotteau*, II, t. VI, p. 206-207.

une bataille dont le journal est le champ. Son génie est sans gloire, mais la révolution qu'il engage laissera peut-être plus de traces que celles du vaincu de Waterloo. Lorsque Constant stigmatisait l'esprit de conquête comme anachronisme en lui opposant le commerce comme mode civilisé d'appropriation[1], il n'avait de ce point de vue pas tort – à ceci près que le commerce est devenu lui aussi une guerre dont la férocité vaut bien celle des Hurons et dont la presse est l'arme majeure.

Il reste que quand il prend pour objet central ce nouveau monde dans *Les illusions perdues*, Balzac, au fond, ne parle guère de l'emprise des partis ou du commerce. Il décrit une autre forme de corruption, une corruption en quelque sorte interne où les intérêts à l'œuvre sont les ambitions corrosives *d'individus* tout entiers consacrés à régler leurs tristes comptes, à conquérir des danseuses et à gagner beaucoup pour dépenser encore plus. Auteurs brillants et déchus dont Rubempré est l'admirable prototype, ils ont renoncé à un autre sacerdoce, celui de la littérature, et ils se vengent infatigablement de cet abandon. Il n'est pas certain que ces égoïsmes-là doivent être mis organiquement en rapport avec les intérêts des partis, même s'ils fournissent à ceux-ci une immense armée de mercenaires insatiables. C'est plutôt l'illustration, au cœur même de l'espace public, d'un déchaînement des amours-propres, le désordre sans recours d'avidités atomiques, le ravage indéfini des cupidités et des convoitises. Non seulement l'espace des journaux ne se substitue pas à celui de l'Église, mais il en est finalement l'ersatz désastreux :

> —Le journalisme, vois-tu, c'est la religion des sociétés modernes, et il y a progrès.

---

1. *De l'esprit de conquête et d'usurpation*, part. I, chap. 3.

—Comment?

—Les pontifes ne sont pas tenus de croire, ni le peuple non plus…[1].

Si le journalisme est un sacerdoce, c'est finalement en deux sens. Au sens noble où il pourrait (au conditionnel) animer une sphère publique où, par l'abnégation des journalistes, le corps social se réfléchirait peut-être plus lucidement que dans la religion. Au sens vil où il se trouve (à l'indicatif) simplement instrumentalisé par les puissances modernes qui ne sont pas moins impitoyables que celles d'hier et qui le réduisent à un faux-semblant, à une religion sans foi, à la vaste pantalonnade d'un égoïsme désormais lâché sans vergogne. Au fond, Balzac lui-même a-t-il jamais fait autre chose que d'en dévoiler l'autre face : « […] car tous les souverains aiment à connaître l'envers des tapisseries, et savoir les véritables motifs des événements que le public regarde passer bouche béante »[2].

Dans la perspective qui est ici la nôtre, il nous faut plutôt dire : cet assujettissement de l'espace public à des intérêts corrupteurs atteste qu'il est *encore* religion, perverti comme celle-ci avait pu l'être. On sous-estimerait toutefois gravement les théoriciens libéraux si on les croyait aveugles à ce problème. La boutade que Balzac met dans la bouche de des Lupeaulx se trouve dans un texte publié en 1838, mais l'action se situe en 1824. Très délibérément, il met en scène un cliché de l'époque comme en témoigne ce qu'écrit Guizot en 1821 :

Qui n'a entendu dire : "Les opinions ne sont rien ; il n'y a de réel et de puissant que les intérêts" ?

1. *La peau de chagrin*, t. X, p. 93.
2. *Splendeurs et misères…*, IV, *op. cit.*, t. VI, p. 803.

Misérable lieu commun d'une politique subalterne! En s'y pavanant, elle trahit son ignorance; elle prouve qu'elle n'entend rien au gouvernement des masses et n'a jamais traité qu'avec des individus[1].

La question est cruciale: c'est celle de savoir si les arguments proférés dans l'espace public où ils sont censés se confronter peuvent être autre chose que des alibis. Les libéraux devaient par force récuser ce *topos*, cette prétendue démystification, c'est-à-dire qu'ils devaient articuler les opinions et les intérêts de telle sorte que les premières conservent leur consistance et ne se réduisent pas à de simples masques qu'il faudrait écarter pour voir le rapport cru de forces par hypothèse coupables – sinon pourquoi auraient-elles donc dû se cacher derrière ce qui ne peut plus apparaître que comme des sophismes? Pour qu'il y ait un sens à défendre un espace public, pour que celui-ci ne soit pas qu'un leurre dans son principe même, il fallait donc empêcher les opinions de s'évanouir au profit des intérêts. Et la difficulté était d'autant plus considérable qu'après tout, « opiner » signifiait jadis faire part d'un sentiment particulier, lequel s'associait facilement à un intérêt particulier, comme en témoigne par exemple Saint-Simon: « [...] intéressé comme il l'était avec la Compagnie des Indes, il [Monsieur le Duc] s'était d'abord proposé de ne point opiner, pour éviter que ce qu'il dirait pût être interprété d'intérêt particulier; [...] »[2].

On comprend alors que Constant revienne à de nombreuses reprises sur cette difficulté et qu'il la traite avec le plus grand soin.

---

1. *Des moyens de gouvernement...*, chap. 8, *op. cit.*, p. 111.
2. *Mémoires*, t. VII, *op. cit.*, p. 733. Voir *supra*, chap. II, p. 53-54.

Sa première grande thèse consiste à réévaluer à la hausse l'importance de l'opinion contre l'intérêt. En vérité, il faut se demander pourquoi donc l'intérêt a tant besoin de l'opinion. Une première réponse est que, par nature diviseur, il lui faut pourtant convaincre, *abuser l'interlocuteur pour le rallier*. La réfutation rationnelle de l'opinion est donc nécessaire et suffisante pour désamorcer l'intérêt : « Dévoilez la fausseté de l'opinion qu'il met en avant, vous le dépouillez de sa force principale ». C'est pourquoi il vaut la peine, par exemple, d'établir en quoi la théorie rousseauiste est erronée. Et c'est pourquoi tous ceux, à commencer par Napoléon, qui méprisent la théorie sous prétexte que seuls comptent les intérêts ont tort : « La pensée seule peut combattre la pensée : le raisonnement seul peut rectifier le raisonnement »[1]. Une seconde réponse consiste à montrer que l'on a bien tort de surévaluer l'intérêt égoïste et de croire qu'il est un moteur qui se suffit à lui-même. C'est là demeurer tributaire de l'erreur matérialiste que Constant et Madame de Staël n'ont jamais cessé de refuser. Non, l'intérêt, toujours associé au calcul et à l'utilité, ne règne pas sans partage et l'opinion est nécessaire *à l'existence même de l'intérêt*. Il lui faut se justifier à ses propres yeux pour pouvoir se soutenir :

> L'on s'exagère souvent l'influence de l'intérêt personnel. L'intérêt personnel lui-même a besoin pour agir de l'existence de l'opinion. L'homme dont l'opinion languit étouffée n'est pas longtemps excité même par son intérêt[2].

Mieux encore : l'opinion n'est pas seulement l'oxygène de l'intérêt, elle est, en elle-même, vraie ou fausse, *une force* dont

---

1. *Principes de politique*, I, 3, *op. cit.*, p. 37-38.
2. *Ibid.*, VII, 5, p. 131.

l'intensité l'emporte sur celui-ci : « Or, dans tous les temps, les opinions ou la vanité sont plus fortes que les intérêts » [1]. On ne s'entretue pas seulement pour des intérêts, mais bien pour des opinions et cela ne peut surprendre que ceux qui présument, sur la foi d'un malheureux héritage, que l'homme est par nature égoïste. La revalorisation du sentiment et la philosophie de la religion auront pour objet de montrer qu'il n'en est rien.

Mais on peut encore réarticuler les opinions aux intérêts sur un tout autre registre, en démontrant que la liberté des premières est requise pour garantir les seconds. L'opinion ici ne masque pas l'intérêt, elle n'en est pas non plus la respiration, elle en assure la satisfaction légitime. D'une part, en effet, la liberté de la presse favorise les intérêts privés, par où il faut entendre avant tout la sûreté, la propriété, la liberté personnelle. Elle le fait en tant qu'elle assure la publicité des crimes d'État : toute atteinte aux droits individuels se trouve signalée et condamnée dans la presse qui apparaît ainsi comme l'agora des modernes ; nous ne sommes plus à Rome où :

> Collatin montrait le corps de Lucrèce au peuple assemblé ;
> [...]. De nos jours, l'immensité des Empires met obstacle à ce mode de réclamation. Les journaux seuls portent la plainte de l'opprimé d'une extrémité du territoire à l'autre [2].

D'autre part, une presse libre ne peut qu'avantager le gouvernement lui-même pour autant qu'elle l'informe,

---

1. *Ibid.*, VIII, 5, p. 150.
2. « Discours sur le projet de loi concernant la presse périodique du 30 mai 1828 », *Textes politiques*, Paris, J.J. Pauvert, 1965, p. 180. C'est une reprise de l'argumentation des *Principes...*, VII, 3, *op. cit.*, p. 121.

comme nous l'avons vu[1], sur l'état des esprits. Elle joue ainsi un rôle d'informatrice que l'on ne saurait transférer sans inconvénient sur les agents clandestins du Ministère de l'Intérieur, ceux-là mêmes dont *Splendeurs et misères des courtisanes* présentaient le monde inquiétant, et qui doivent flatter le gouvernement sous peine de disgrâce[2].

Enfin, et nous l'avons vu aussi, en permettant la formation autonome de l'opinion publique, la presse permet l'identification de l'intérêt public : « L'opinion parle, l'intérêt de tous se fait entendre. Tous sont entraînés par cet intérêt et cette opinion »[3]. De ce point de vue, l'intérêt égoïste fausse l'opinion individuelle, mais la loi des grands nombres contraint ces écarts à s'annuler réciproquement. Il faut donc laisser librement parler les intérêts à travers les opinions pour qu'ils se rectifient mutuellement et que la seule voix de l'intérêt commun se fasse entendre.

C'est au seuil du chapitre consacré aux « opinions nationales »[4] dans son ouvrage de 1821 que Guizot entreprend de réhabiliter, lui aussi, l'opinion contre l'intérêt. Il prend d'abord soin de distinguer l'individu et la *masse*, ce nouveau concept politique dans lequel il faut entendre à la fois la multitude intempérante et l'ensemble dans lequel jouent des mécanismes aléatoires que le calcul des probabilités rationalise désormais. Chez l'individu, l'intérêt l'emporte sans doute sur la conviction et les relations d'homme à homme sont bien celles que décrivait Adam Smith entre le boucher et son client :

1. Voir *supra*, chap. v, p. 181-182.
2. « Discours sur le projet… », *op. cit.*, p. 181-182.
3. *Principes…*, XIII, 5, *op. cit.*, p. 302. Voir *supra*, chap. IV, p. 134.
4. Voir *supra*, chap. IV, p. 146. *Des moyens de gouvernement…*, *op. cit.*, p. 111-114.

« Ce n'est pas de la bienveillance du boucher, du brasseur, ou du boulanger, que nous attendons notre dîner, mais du souci qu'ils ont de leur propre intérêt »[1]. Mais l'économie n'est pas la politique ; dès lors qu'il s'agit des masses, il faut raisonner autrement et prendre acte, en premier lieu, de ce que la distinction même de l'opinion et de l'intérêt devient floue :

> Il n'est pas vrai que les intérêts se puissent ainsi séparer des opinions ou les opinions des intérêts ; il n'est pas vrai que ceux-ci soient tout et celles-là rien. Les uns et les autres sont étroitement, fortement tissus [sic] ensemble ; une sorte de susceptibilité nerveuse leur est commune et les unit ; et quand le pouvoir agit sur la société, je le défierais bien souvent de dire si c'est par les opinions ou les intérêts qu'il l'atteint[2].

Cela s'illustre au mieux par l'exemple des biens nationaux. Abstraitement, on dissociera sans peine l'intérêt de leurs acquéreurs d'avec les doctrines révolutionnaires et on en conclura qu'il est aisé de protéger le premier, tout en proscrivant les secondes. Concrètement, les choses se présentent sous un autre jour et, dans l'esprit des nouveaux propriétaires, la liaison des deux éléments est inextricable : la garantie de leurs jouissances leur paraît bien solidaire de l'héritage global de 89 ; l'on ne peut donc attaquer ce dernier sans les effrayer : « Ôtez aux maires, rendez aux curés la tenue des registres de l'état civil ; les acquéreurs de biens nationaux seront pleins d'alarme ». L'intérêt se montre ici comme intimement fondu à l'idée, de sorte que l'on ne peut plus les disjoindre et que l'on ne peut s'en prendre à celle-ci sans affoler celui-là. Le

---

1. *Enquête sur la nature et les causes de la richesse des nations*, liv. I, chap. 2, trad. P. Taïeb, Paris, P.U.F., 1995, t. I, p. 16.
2. *Des moyens de gouvernement…, op. cit.*, p. 112.

cynique, qui déclare l'opinion par nature inconsistante, peut bien faire le malin, il est au fond très naïf, d'une naïveté d'entendement dirait Hegel, car il méconnaît le caractère organique des rapports entre représentations et intérêts.

Mais il faut aller plus loin et, en second lieu, émanciper l'opinion de l'intérêt. Elle ne s'entrelace pas seulement à lui, elle le déborde. La preuve s'en trouve dans le rapport contra-dictoire qu'entretient le pouvoir avec les opinions : tout en déclarant qu'elles ne sont rien, il les pourchasse et les condamne. Inconséquence destructive et instructive puisqu'elle montre bien que l'on redoute ce que l'on prétend mépriser, et si on le redoute, c'est qu'on est en face d'une force spécifiquement moderne : Louis XIV pouvait impunément ignorer le *Télémaque* de Fénelon, mais nos nouveaux maîtres ne peuvent plus rire de nos idées. Désormais, elles mènent le monde :

> Mais le fait grave, le fait impérieux, c'est le mouvement de l'esprit humain, qui fait aujourd'hui de la pensée une puissance pour ainsi dire temporelle ; puissance susceptible et fière qui veut, sinon qu'on lui obéisse, du moins qu'on la comprenne et qu'on la respecte [1].

La prédominance de l'opinion sur l'intérêt est inédite, et irréversible. Elle est une puissance « pour ainsi temporelle » pour autant qu'elle est le nouveau pouvoir spirituel. Les intérêts ne furent jamais tout en politique, mais ils le sont encore moins aujourd'hui et c'est pourquoi les préjugés publics doivent être pris en compte. Ni les négliger, ni les combattre, mais au contraire les retourner en « moyens de

---

1. *Des moyens de gouvernement…*, *op. cit.*, p. 114.

gouvernement», voilà ce qu'exige de l'homme d'État l'intelligence postrévolutionnaire.

Les analyses de Constant et Guizot convergent très largement. Elles attestent fort bien comment l'«opinion publique» exigeait que l'on sauvât l'autonomie de l'opinion par rapport à l'intérêt. Il fallait lui épargner le sort qui avait été celui des croyances religieuses réinterprétées comme superstitions fonctionnelles. L'élaboration du concept marxiste d'idéologie thématise critiquement cela en se donnant pour tâche d'expliquer par quels mécanismes des intérêts (de classe) sont conduits à s'inventer des justifications et par quels jeux aliénants de pouvoir ces dernières peuvent être intériorisées par ceux qui en font les frais. La construction du concept nietzschéen de valeur permit à son tour de concevoir un monde faits de volontés conduites, pour étendre leur puissance, à imposer leurs évaluations à ceux-là mêmes qu'elles défavorisent, les fixant dans les mots, les corps et les races. Dans un cas comme dans l'autre, il ne semble plus guère possible de prendre au sérieux l'opinion publique. Dans le premier, elle ne peut plus être que le leurre d'une réconciliation, l'escamotage profane d'une lutte irréductible par un nouvel opium, une «synthèse sociale illusoire»[1]. Dans l'autre, c'est l'ombre démocratique de Dieu, «la foi uniforme de la foule innombrable de ceux qui se sont placés sous le patronage de l'opinion publique, et qui se soutiennent et s'appuient mutuellement dans cette foi»[2].

---

1. O. Negt, *L'espace public oppositionnel*, *op. cit.*, p. 118.
2. Nietzsche, *Considérations inactuelles*, I, 8, trad. P. Rusch, *Œuvres*, Paris, Gallimard, 2000, t. I, p. 468.

Opinion publique ou foi commune ?

« Libéral », Tocqueville, cela ne va pas de soi. En tout cas, en 1840, il semble bien prendre le contre-pied de Constant et Guizot en écrivant :

> Les hommes ne sont plus liés que par des intérêts et non par des idées, et l'on dirait que les opinions humaines ne forment plus qu'une sorte de poussière intellectuelle qui s'agite de tous côtés, sans pouvoir se rassembler et se fixer[1].

À l'âge démocratique, les intérêts, et non la vertu ou la religion, paraissent suffire : « Ce n'est pas le désintéressement qui est grand, c'est l'intérêt qui est bien entendu, ce qui revient encore presque au même »[2]. Heureusement, car il n'y a plus qu'eux là où chacun « n'en appelle qu'à l'effort individuel de sa raison »[3]. En Amérique comme en France, en France plus encore qu'en Amérique, le principe réformé du libre examen est devenu une attitude commune. Non pas que sa justesse l'ait emporté par sa puissance intrinsèque de conviction, ni du fait de quelque complot, mais parce que dans un état social égalitaire où « il n'y a, pour ainsi dire, plus de classes », il doit arriver que l'individu « se renferme étroitement en soi-même et prétend de là juger le monde »[4]. En démocratie, on ne lit pas Descartes, mais on est cartésien. De ce point de vue, on doit éprouver pour les idées nouvelles un goût proportionnel à la répugnance ressentie pour l'autorité et les « préjugés de

---

1. *De la démocratie en Amérique*, vol. II, part. I, chap. 1, *op. cit.*, p. 518.
2. Cité par R. Aron, *Les étapes de la pensée sociologique*, Paris, Gallimard, 1967, p. 634.
3. *De la démocratie…*, II, I, 1, *op. cit.*, p. 514.
4. *Ibid.*

nation »[1]. De ce point de vue encore, l'opinion semble n'être plus que cendre tourbillonnante, frivole et inutile, l'intérêt se chargeant de tout, nouant le lien social avec vigueur et sans qu'il soit besoin de réfléchir celui-ci d'une façon ou d'une autre.

Mais il se trouve qu'on peut, aussi, observer le contraire. Non pas que ce qui précède soit faux. Non pas non plus que l'analyste soit inconséquent. C'est l'état social démocratique qui est, par lui-même, contradictoire : « Je vois très clairement dans l'égalité deux tendances : l'une qui porte l'esprit de chaque homme vers des pensées nouvelles, et l'autre qui le réduirait volontiers à ne plus penser »[2].

De fait, l'entrelacs des intérêts ne peut, à lui seul, tenir ensemble de purs individus là où le lien politique s'est relâché et où l'on peut aller jusqu'à dire, par hyperbole bien sûr, là où ils « ne sont attachés par aucun lien les uns aux autres »[3]. En réalité, Burke n'avait pas tort quand il vantait les vieux préjugés britanniques, il avait lucidement pris acte d'une finitude indépassable :

> Les croyances dogmatiques sont plus ou moins nombreuses, suivant les temps. Elles naissent de différentes manières et peuvent changer de forme et d'objet ; mais on ne saurait faire qu'il n'y ait pas de croyance dogmatique, c'est-à-dire d'opinions que les hommes reçoivent de confiance, et sans les discuter[4].

---

1. *De la démocratie…*, II, I, 1, *op. cit.*, p. 513.
2. *Ibid.*, chap. 2, p. 522.
3. *Ibid.*, I, II, 9, p. 340 ; II, III, 1, p. 677 ; II, III, 21, p. 777.
4. *Ibid.*, II, I, 2, p. 518.

Ce n'est pas seulement un postulat de bon sens ou un constat si universel qu'il serait inutile de l'argumenter. Au contraire, on le démontre en deux temps. Primo, au niveau collectif : sans croyances communes, pas d'actions communes, « et, sans action commune, il existe encore des hommes, mais non un corps social » ; il faut donc bien « quelques idées principales », une doctrine publique, pour rassembler les esprits. Secundo, au niveau individuel : comme Locke l'avait déjà affirmé contre les prétentions insoutenables de l'ego cartésien [1], le philosophe le plus ambitieux « suppose beaucoup plus de vérités qu'il n'en établit » [2] ; *a fortiori*, le simple citoyen. Cette nécessité anthropologique de recourir à des principes admis de confiance n'est pas un pis-aller auquel il faudrait consentir faute de mieux, c'est plutôt une heureuse disposition de la providence. Elle permet à l'intelligence de se concentrer sur certains objets et de les approfondir comme il convient. Un esprit de fait cartésien serait, selon le suggestif oxymore de Tocqueville, « indépendant et débile » [3] car, dans son absurde présomption, il se condamnerait à papillonner perpétuellement en tous sens, se détachant aussitôt de ce qu'il aurait entrepris d'examiner à la minute précédente, affolé par l'*apeiron* des choses dont il lui faudrait s'assurer. De cela s'ensuit en chiasme un nouvel oxymore, une hérésie au regard des Lumières, c'est qu'il faut bien « mettre son esprit en esclavage » parce que c'est là une « servitude salutaire » [4] – volontaire aussi sans doute, mais dont il faut se réjouir puisqu'elle favorise les progrès de la connaissance. Et de tout cela découle

---

1. Voir *supra*, chap. I, p. 36.
2. *De la démocratie…*, II, I, 2, *op. cit.*, p. 519.
3. *Ibid.*
4. *Ibid.*, p. 520.

encore la proposition qu'il s'agissait d'établir : « Il faut donc toujours, quoi qu'il arrive, que l'autorité se rencontre quelque part dans le monde intellectuel et moral »[1]. *L'autorité* a le dernier mot, ou plutôt le premier, auquel nulle raison, individuelle ou collective, même la plus méthodique et la plus entreprenante, ne peut prétendre sérieusement se dérober.

C'est là, pourrait-on dire, une constante sociale. Mais ladite autorité se détermine variablement à deux égards. D'une part, elle s'identifie en des instances distinctes – qu'est-ce donc qui fait autorité ? D'autre part, elle s'intensifie à divers degrés – à quel point est-elle efficace ? Bref, « [...] la question n'est pas de savoir s'il existe une autorité intellectuelle dans les siècles démocratiques, mais seulement où en est le dépôt et quelle en sera la mesure »[2].

Quant au visage démocratique de l'autorité, c'est celui de l'opinion et cela se justifie à nouveau démonstrativement. Tocqueville en trouve les raisons, comme presque toujours et au risque d'une certaine monotonie, dans « l'état social » égalitaire, soit le « fait générateur » ou encore le « fait singulier et dominant auquel les autres se rattachent »[3]. À tous les utopistes plus ou moins illuminés, ou plus ou moins positivistes, qui se demandent, après Chateaubriand[4] si une nouvelle religion n'est pas justement appelée par une conjoncture en mal de piété, il faut répondre que c'est là un scénario à exclure parce que des hommes qui cherchent la vérité en eux-mêmes ne peuvent la trouver dans l'extraordinaire et le surnaturel[5].

1. *De la démocratie...*, II, I, 2, *op. cit.*, p. 520.
2. *Ibid.*
3. *Ibid*, I, introd., p. 3 et II, II, 1, p. 608.
4. Voir *supra*, chap. III, p. 86-97.
5. *De la démocratie...*, II, I, 1, *op. cit.*, p. 515.

Mais, par hypothèse démocratique, l'autorité ne se trouvera pas non plus dans la « raison supérieure d'un homme ou d'une classe »[1]. Reste alors et ne reste plus que la raison *de la masse*, c'est-à-dire l'opinion : « La disposition à en croire la masse augmente, et c'est de plus en plus l'opinion qui mène le monde »[2] – non pas l'opinion tout court, mais « le jugement du public ». Certainement, les Lumières avaient déjà claironné l'entrée en scène de cette puissance nouvelle[3], mais elles n'en avaient pas du tout compris le tenant social, tout occupées qu'elles étaient à se justifier. Avec le recul, on comprend bien que cette confiance en la masse se déduit de l'égalité moderne, c'est-à-dire de la permutabilité des places qui engendre une homogénéité sociale fictive ; c'est à propos du rapport entre maître et serviteur que Tocqueville note subtilement : « […] l'opinion publique, qui se fonde sur l'ordre ordinaire des choses, les rapproche du commun niveau et crée entre eux une sorte d'égalité imaginaire, en dépit de l'inégalité réelle de leurs conditions »[4]. Ainsi satisfait-on en quelque sorte à l'étrange équation suivante : localiser une autorité qui soit compatible avec la négation de l'autorité, c'est-à-dire avec l'exigence de ne s'en remettre à aucun discours venu d'en haut, qu'il émane de Dieu ou de l'homme. L'opinion publique, c'est en somme l'autorité devenue immanente, la raison de mes semblables que je peux adopter de confiance parce que ce sont mes semblables, et non mes maîtres.

De surcroît, c'est une autorité *plus* contraignante que celles qui l'ont précédée. C'est « de plus en plus l'opinion qui

---

1. *De la démocratie...*, II, I, 2, *op. cit.*, p. 520.
2. *Ibid.*, p. 521.
3. Voir *supra*, chap. IV, p. 129-131.
4. *De la démocratie...*, II, III, 5, *op. cit.*, p. 695.

mène le monde » et elle le mène de plus en plus sévèrement. En 1835, Tocqueville avait déjà pris acte, en un néologisme remarquable, de ce que les démocraties « immatérialisent le despotisme » : libre en principe de s'exprimer, l'écrivain se trouve *de facto* enfermé dans les bornes qui lui sont imparties par une majorité omnipotente dont il est hors de question de contester les croyances principales sous peine d'une insupportable marginalisation. Et c'est pourquoi il avait pu écrire : « Je ne connais pas de pays où il règne, en général, moins d'indépendance d'esprit et de véritable liberté de discussion qu'en Amérique »[1]. C'est le même diagnostic qu'il formule en 1840, dans ce chapitre 2 de la première partie. La pression majoritaire s'exerce constamment sur l'esprit de chacun avec une intensité sourde, mais formidable. Elle acquiert alors les sombres contours d'un pouvoir absolu, d'autant plus absolu qu'il néglige le corps pour s'attaquer directement à l'âme, et qu'au lieu de réprimer l'acte, il castre le désir[2]. La démocratie invente ainsi « une nouvelle physionomie de la servitude »[3], et celle-ci, assurément, pour être volontaire, n'est pas salutaire. Tocqueville en prédira une autre bien distincte à la fin du second volume, dans les célèbres pages où il esquissera l'espèce originale d'oppression étatique et paternelle à laquelle « les anciens mots de despotisme et de tyrannie ne conviennent point »[4]. Celle qui nous intéresse ici est tout aussi insidieuse et également irrésistible, mais elle est sociale plus que politique, c'est le nombre qui fait sa force et elle procède moins de la démission citoyenne que du mimétisme égalitaire.

---

1. *De la démocratie...*, I, II, 7, *op. cit.*, p. 292.
2. *Ibid.*, p. 294.
3. *Ibid.*, II, II, 2, p. 522-523.
4. *Ibid.*, II, IV, 6, p. 838.

Elle nous intéresse parce qu'elle *fixe* l'opinion en un pouvoir qui interdit le débat au lieu d'en résulter. Tocqueville ne décrit pas une opinion instrumentalisée par des intérêts individuels, commerciaux ou politiques. Il s'efforce de discerner une opinion qui se sédimente et qui, se sédimentant, se loge dans l'espace que pouvait occuper jadis le christianisme : « [...] quelles que soient les lois politiques qui régissent les hommes dans les siècles d'égalité, l'on peut prévoir que la foi dans l'opinion commune y deviendra une sorte de religion dont la majorité sera le prophète ». Mais il est alors déconcertant que le même christianisme, loin de s'être effacé au profit de l'opinion, soit en Amérique plus vigoureux que jamais :

> [...] l'Amérique est pourtant encore le lieu du monde où la religion chrétienne a conservé le plus de véritables pouvoirs sur les âmes ; et rien ne montre mieux combien elle est utile et naturelle à l'homme, puisque le pays où elle exerce de nos jours le plus d'empire est en même temps le plus éclairé et le plus libre [1].

Voilà qui dément l'anticléricalisme français aux yeux duquel lumières et liberté sont incompatibles avec la religion, c'est-à-dire avec la superstition. Mais pour comprendre cet accord paradoxal, il ne suffit pas de répondre que « c'est la religion qui a donné naissance aux sociétés anglo-américaines » [2] et qu'il est donc normal qu'elle y ait conservé un pouvoir considérable, lequel *concurrencerait par accident* celui de l'opinion commune. Ce n'est pas « par accident » car elle se trouve investie d'une fonction régulatrice : elle compense le défaut de lien politique, elle « moralise la démo-

---

1. *De la démocratie...*, I, II, 9, *op. cit.*, p. 336.
2. *Ibid.*, II, I, 1, p. 516.

cratie »[1]. Et surtout, en parlant de « concurrence », on s'exposerait à un fâcheux contresens. En réalité, c'est plutôt d'une troublante osmose qu'il s'agit :

> Ceux qui ne croient pas, cachant leur incrédulité, et ceux qui croient, montrant leur foi, *il se fait une opinion publique en faveur de la religion*; on l'aime, on la soutient, on l'honore, et il faut pénétrer jusqu'au fond des âmes pour découvrir les blessures qu'elle a reçues[2].

> Aux Etats-Unis, la majorité se charge de fournir aux individus une foule d'opinions toutes faites, et les soulage ainsi de l'obligation de s'en former qui leur soient propres. Il y a un grand nombre de théories en matière de philosophie, de morale ou de politique, que chacun y adopte ainsi sans examen sur la foi du public ; et, si l'on regarde de très près, on verra *que la religion elle-même y règne bien moins comme doctrine révélée que comme opinion commune*[3].

Admirable équivoque! Ce que Tocqueville entend d'abord dire, c'est sans doute qu'en Amérique, la religion suscite un assentiment qui ne procède pas du libre examen, mais qui ne se réfère pas non plus à une autorité cléricale. Elle renvoie à l'autorité du public en lequel l'homme démocratique a naturellement foi : je crois désormais en Dieu parce que mes alter égaux y croient aussi et que la somme de leurs raisons excède beaucoup trop la mienne pour que je puisse raisonnablement prétendre me singulariser. En ce sens, nous assistons à l'ultime triomphe de l'opinion publique sur la religion : celle-ci n'est plus accréditée que pour autant qu'elle relève de celle-là. Ou si l'on préfère, le régime de la croyance religieuse

---

1. *De la démocratie...*, I, II, 9, p. 340 et II, II, 15, p. 656.
2. *Ibid.*, I, II, 9, p. 347 (je souligne).
3. *Ibid.*, II, I, 2, p. 521 (je souligne).

est assimilé à celui de l'opinion. Mais bien sûr la formule est réversible. Nous pouvons et nous devons tout aussi bien dire : ce qui s'exprime ici, c'est le retournement de la discussion en *credo* et la victoire ironique du christianisme sur l'opinion. Celle-ci doit bien se définir comme la forme spécifique que prennent les « croyances dogmatiques » en régime égalitaire. L'opinion se coagule fatalement en une doctrine dont l'originalité toute relative tient à ce qu'elle procède du nombre majoritaire ; mais elle n'en est pas moins doctrinale pour autant et son emprise ne s'avère pas moins astreignante, bien au contraire. A ce point, le remède ne consiste pas à garantir son autonomie, mais à la fluidifier en permanence. Il faut interdire à l'opinion de se déposer en une sorte de boue spirituelle où les intelligences s'immobiliseraient craintivement. Sans doute, mais on voit mal à vrai dire comment s'y prendre. John Stuart Mill évoquera à cet égard la nécessité d'« une classe composée de tous les esprits cultivés du pays, de ceux qui, du fait de leur pouvoir et de leurs vertus, inspireraient au peuple le respect, même lorsqu'ils combattent ses préjugés », classe qui, de ce fait, « aurait sur l'opinion publique une action presque irrésistible »[1]. En cela, il sera sans doute moins pessimiste que Tocqueville chez qui l'on ne trouve aucune réponse expresse.

OPINION PUBLIQUE OU OPINIONS FUTILES ?

En évoquant une poussière d'opinions flottant sans conséquences dans la lumière des intérêts, Tocqueville suggé-

---

1. *Essais sur Tocqueville et la société américaine*, trad. fr. P.L. Autin *et al.*, Paris, Vrin, 1994, p. 97 (voir aussi p. 116 et 204-207).

rait, sans suite, un autre péril, celui d'une volatilisation analogue à celle qui avait frappé les croyances religieuses dès lors
qu'elles avaient précisément été requalifiées comme « opinions religieuses ». Dans la mesure exacte où ce sur quoi l'on
s'accorde doit devenir l'essentiel, l'opinion publique se sédimente en doctrine. De même, dans la mesure exacte où ce sur
quoi l'on renonce à s'accorder doit devenir inessentiel,
l'opinion publique se désintègre en sottises fugaces et objets
de raillerie. Peut-on alors mieux formuler cela que sous la
forme moqueuse d'une courte nouvelle parue le 21 mars 1881
dans *Le Gaulois*, signée Maupassant et sobrement intitulée
Opinion publique [1].

L'opinion publique se présente bien ici comme une
confrontation argumentée, mais elle est évidemment la
parodie de ce qu'on avait pu concevoir sous ce nom à la fin du
siècle précédent. Cela tient d'abord à *l'espace social* où se
joue l'échange : exclusivement masculin, il est le fait d'un
nouveau personnage littéraire, le petit employé de bureau qui
apparaît lui-même comme la caricature du sujet instruit en
mesure d'appréhender correctement ce sur quoi il doit se
prononcer. Ni analphabète ni cultivé, il ne dispose pas non plus
de l'intelligence spécifique que peut conférer l'exercice d'un
métier – ainsi le commerçant qui, tel César Birotteau, a dû
acquérir l'instinct approprié pour parvenir à ses buts. Au reste,
à mieux y regarder, nous nous trouvons plongés dans un
espace et un temps *para-professionnels*. En effet, cela se passe
bien sur le lieu de travail, mais avant l'arrivée du chef, de telle
sorte que l'échange se trouve enclos dans une sorte d'entre-
deux futile, condamné à s'évanouir devant le sérieux des

---

1. Elle figure plus loin dans l'annexe 2.

tâches à accomplir. De même, si à chaque interlocuteur est associé, en même temps qu'un patronyme ridicule, son rang (du commis principal au vieil expéditionnaire), la dignité de chaque interlocuteur est égale et Bonnenfant ne jouit d'aucun privilège : au contraire, quand il s'énerve, c'est Rade qui occupe la fonction éminente d'arbitre. Mais cette parité apparaît elle-même comme le tour dérisoire que prend la suspension démocratique des hiérarchies dans l'espace de la délibération, elle la met en abyme et si nous sommes ici égaux, c'est pour tenir des propos inconsistants dans un cadre qui ne l'est pas moins, c'est pour parler sans rien dire, là et quand de toute façon rien de ce qu'on dit ne peut tirer à conséquence.

Si les coordonnées sociales de la conversation lui retirent ainsi par nature toute portée en l'inscrivant dans une sorte *de no man's land* institutionnel quotidien, elles ne déterminent pas son *rythme*. Comme on dit couramment, la discussion rebondit et, de bond en bond, sans guère s'écouter (« Mais M. Perdrix revint à son idée »), l'on progresse sur un mode discontinu qui obéit en fait à trois grands principes. Le premier est celui de la *contiguïté* : on n'articule pas des thèses, on associe des thèmes, en général par leurs extrémités – le meurtre du tsar conduit au meurtre du chef de bureau, le métier de tsar conduit au métier de pompier, le métier de pompier conduit à l'incendie du *Printemps* et l'incendie du *Printemps* à son directeur. Ainsi revient-on à la figure obsessionnelle *du chef*, lequel survient en chair et en os pour mettre fin au bavardage comme un professeur dans sa salle de cours, et le fait est que nos employés sont passablement infantiles (mineurs si l'on préfère) comme le suggère d'ailleurs le patronyme de Bonnenfant. La seconde règle est celle du *nivellement* qui veut que l'assassinat d'Alexandre II soit traité comme un fait divers, sur le même plan que celui d'un chef de bureau et elle contribue à son tour à interdire toute méthode. Enfin, la dernière contrainte est celle du *nouveau* : il est évidemment très significatif que la première réplique soit « Quoi de neuf ce matin ? » et le père Grappe, « qui oubliait chaque jour ce qui s'était passé la veille », symbolise au mieux l'impossibilité d'accumuler l'information et d'ordonner l'entretien. Un siècle plus tard, Bourdieu ne dit pas autre chose quand il s'en prit au journalisme qui, « en obligeant à vivre et à penser au jour le jour et à valoriser une information en fonction de son actualité, favorise une sorte d'amnésie permanente qui est l'envers négatif de l'exaltation de la nouveauté »[1].

Dans ce cadre fugitif et au rythme incertain de ces répliques sans horizon, on traite enfin *d'objets* dont il appartient aux journaux, expressément invoqués par Piston dès le début, de décider la nature. L'opinion publique ne choisit pas ce dont elle parle, elle se nourrit de ce qu'on lui impose, et elle en parle comme les journaux en parlent. Au fond elle se borne à *redoubler* les principales caractérisques de leur prose hébétante. Elle glose les bien nommées « nouvelles » que l'on peut bien appeler des « événements », si l'on redonne à ce terme la signification péjorative qui fut la sienne avant que certains philosophes ne lui confèrent avec emphase le privilège inouï d'être l'historicité la plus réelle, l'historicité d'après les philosophies de l'histoire. L'opinion publique est ainsi une revue de presse désordonnée, l'évocation d'événements qui sont *tous également* des événements, surgis avec le jour et promis à ne pas lui survivre. Mais en parler de manière conforme à ce type d'échanges, c'est en parler pour les *juger* : il s'agit

---

1. « L'emprise du journalisme », *Annales de la Recherche en Sciences Sociales*, n° 101-102, mars 1994, p. 5.

de montrer qu'à leur égard, on a « son avis », une opinion personnelle qui, bien entendu, ne l'est pas du tout. Celle-ci contrefait l'appréciation raisonnée que l'interlocuteur des Lumières devait loyalement exposer à la critique. Les propositions universelles que l'on fait en principe intervenir pour lancer, appuyer ou conclure un débat, trouvent ainsi leurs doubles grotesques dans les *sentences* qui émaillent le dialogue : tautologies (« Depuis qu'il y a des rois, il y a eu des régicides »), clichés républicains (« L'autorité est indivisible ») ou simples assertions saugrenues (« Les pompiers français sont une des gloires du pays »), elles sont toutes empreintes d'une solennité dérisoire. Au lieu enfin de s'énoncer sobrement, dans l'absence de pathos propre à la raison, les répliques s'accompagnent au contraire d'affects multiples que le ton adopté – lamentable, exaspéré, farceur – signale théâtralement au lecteur philosophe comme la marque de leur perversion.

La dernière intervention de Perdrix se trouve interrompue sans dommage par des points de suspension. C'est que l'on n'observe à vrai dire nul progrès, nul accord, nulle délibération, mais la dérive conviviale et paresseuse à laquelle il fait bon se livrer pour tuer un temps mort, ni domestique ni civil ni politique. L'opinion publique s'insère dans les interstices du quotidien, dans des vides qu'elle remplit avec du vent. Partie de la lecture des journaux, elle n'arrive nulle part, elle s'arrête seulement quand une cause extérieure met provisoirement fin à son babillage indéfini, et elle redevient ainsi ce que Diderot nommait le « caquet public » [1].

---

1. Dans *Madame de la Carlière*, *op. cit.*, t. XII, p. 553.

La dissociation, par la tolérance, du lien social et de la foi commune avait ouvert une crise où s'étaient engouffrées concurremment la religion naturelle, la morale naturelle et l'opinion publique. Celle-ci l'emporta pour autant qu'elle se présenta comme *une réflexion non doctrinale du lien civil*, affirmant que nous pouvions et que nous devions vivre ensemble non pas malgré nos désaccords, mais en prenant appui sur eux. Liquidant toute espèce de catéchisme, nous devions alors trouver notre ressort *dans* nos divergences. Mais cela exigea l'arrachement de l'opinion publique à sa préhistoire philologique et elle ne put s'imposer qu'en cessant d'être opinion tout court et en basculant du côté d'un exercice collectif de la raison. Cela réclama aussi d'écarter les divers prétendants à ce beau titre, simulacres et doublures de toutes sortes ; le prix en fut certainement le brouillage du concept, sa métamorphose en maître mot. Remarquable destin qui devait nécessairement, pour finir, exposer l'opinion publique aux mêmes écueils que ceux sur lesquels s'était fracassée la religion. Asservie à des intérêts nullement publics, ou figée en une chape qui encadre strictement chaque intelligence, ou encore pulvérisée en une multitude tournoyante de sottises sans lendemain, elle cesse d'être à la hauteur de son principe, elle régresse à l'état religieux, et à l'état religieux corrompu. En ce sens, il était fatal que l'on finisse par déclarer que l'opinion publique, comme Dieu, n'existe pas.

Son histoire n'est bien sûr pas terminée – certains diraient même qu'elle commence tout juste sérieusement. L'anthologie de Loïc Blondiaux et Dominique Reynié, consacrée aux « perspectives anglo-saxonnes », démarre en 1888[1] et elle

---

1. Voir le numéro déjà cité de la revue *Hermès*, n°31, 2001.

permet de prendre la mesure des discussions considérables que souleva la mise au point des sondages. Tout militant sait bien qu'aujourd'hui encore il n'est pas si facile d'aller contre l'opinion de la fameuse majorité silencieuse dont les gouvernements arguent pour invalider toute critique de masse : « Les sondages permettent souvent au législateur qui le souhaite d'affirmer que les éléments qui se font le plus entendre dans leur électorat ne représentent pas véritablement les souhaits de l'électorat dans son ensemble »[1]. Mais n'est-ce pas dénoncer, comme Constant déjà, une opinion factice ?

Si maintenant l'on entreprend, comme Habermas, de stipuler les réquisits d'une opinion non factice, d'une véritable délibération publique, on achoppe aussitôt sur la querelle du procéduralisme dont le nœud se trouve dans le statut qu'on accorde à ces prémisses. Les dialogues socratiques démontrent de manière inoubliable que pour dialoguer, il faut bien se mettre préalablement d'accord sur la question que l'on veut poser et le traitement par lequel on entend la résoudre. On dira que cette entente ne porte pas sur des vérités auxquelles il faudrait adhérer pour pouvoir engager la dispute, mais sur de simples règles qui doivent permettre d'élaborer une vérité commune. On dira que le compromis n'est donc pas substantiel, mais procédural, Mais nous retrouvons ici le « paradoxe du paradoxe »[2] : ce que nous montrent encore les dialogues socratiques, c'est finalement que ces règles, parce qu'elles sont la condition nécessaire et suffisante de l'entretien maïeutique, valent *ipso facto* comme « l'essentiel ». C'est pourquoi Hippias et tous les autres refusent d'y souscrire : ils savent bien

1. B. Ginsberg, « Les sondages et la transformation de l'opinion publique », *ibid.,* p. 188.
2. Voir *supra*, chap. II.

qu'ils auront perdu la partie dès qu'ils auront renoncé à imposer les leurs. C'est pourquoi aussi les réponses apportées à la question socratique sont finalement indifférentes : il importe bien moins de savoir ce qu'est le beau que de savoir si c'est là la question qu'il convient de poser et si l'on ne ferait pas mieux de se demander ce qui est beau. Si ces dialogues sont aporétiques au sens le plus fort du terme, ce n'est pas parce qu'ils ne résolvent pas la question retenue, c'est parce qu'ils ne parviennent pas à trancher et à déterminer quelle question il faut retenir et quels moyens il faut employer pour argumenter. En termes contemporains, on dira qu'on ne peut pas s'accorder sur les règles sans les substantialiser, ou sans les associer à des vérités substantielles. On suggérera que l'on ne peut concéder des règles sans concéder du même coup des propositions doctrinales – par exemple, que chaque locuteur, *en tant qu'individu*, est habilité à nourrir la discussion collective – ou, au contraire, que ces règles sont par elles-mêmes insuffisantes à garantir de bonnes décisions et qu'il faut donc faire appel à des normes d'une autre nature qui les complètent, qu'il faut donc s'accorder sur autre chose qui leur soit irréductible et qui borne l'échange[1] – Constant aurait dit « les droits de l'individu ». Dans les deux cas, on en reviendra vite à ceci que le pari de l'opinion publique, c'est-à-dire celui de la tolérance entendue en son sens le plus fort, est toujours déjà perdu. Si nous vivons ensemble à peu près pacifiquement, c'est bien parce que nous nous retrouvons sur une sorte de consensus irréfléchi, de telle sorte que la « raison publique » doive toujours être reconduite au « préjugé public ».

---

1. Voir S. Haber, *L'homme dépossédé. Une tradition critique, de Marx à Honneth*, Paris, CNRS Éditions, 2009, p. 164-166.

Est-il alors présomptueux de soutenir que l'ironie de Maupassant ferme la boucle? Que les polémiques du siècle suivant ne feront que retrouver les embarras rencontrés ici, qu'elles reproduiront, raffineront et ajusteront toujours les mêmes arguments? Ou faut-il considérer, au contraire, que l'avènement des démocraties de masse va modifier substantiellement les données du problème. En tout cas, s'achève ici un cycle, celui d'une impossible laïcisation des rapports sociaux.

ANNEXE 1

Le tableau ci-dessous renvoie au chapitre v, p. 167. Le lecteur trouvera ensuite la liste des abréviations utilisées. Leur classement est celui, alphabétique, des auteurs. Je n'ai utilisé d'abréviations que quand il y a plusieurs titres pour un même auteur et donc un risque de confusion.

PUBLIC, PUBLIQUE	OPINION	OPINION PUBLIQUE
Estime (Rousseau, III, 223 ; Saint-Just, 784 ; Staël, CA, 222 ; Tocqueville, II, 697 ; Balzac, VI, 286) *Approbation/improbation* (Rousseau, III, 959, 1001 ; IV, 758) *Dérision* (Rousseau, I, 827) *Caquet* (Diderot, OC, XII, 553) *Reconnaissance* (Condorcet, TH, 839) *Préjugé(s)* (Rousseau, V, 62 ; Guizot, MG, 125, 132)	*D'autrui* (Rousseau, IV, 670 ; V, 61) *De nos semblables* (Saint-Martin, 154) *Des autres* (Staël, D, II, 355) *Tribunal d'* (Staël, L, 319 ; Tocqueville, II, 204) *Principale* (Tocqueville, II, 210). *Politique* (Saint-Martin, 116) *Nationale* (Staël, CA, 251, 321 ; CRF, 186) *De la nation* (Tocqueville, II, 276)	*Estimation des hommes* (Rousseau, I, 672) *Estime générale* (Helvétius, 114 ; Staël, L, 73 ; Balzac, VI, 300) *Mœurs générales* (Diderot, OC, XXIV, 101) *Entretien général* (Diderot, XII, 568) *Volonté générale* (Diderot, PD, I, 104-105 ; Babeuf, 214 ; Condorcet, M, 95) *Vœu général* (Constant, O, 1222) *Disposition générale* (Constant, O, 1222)

Bruit (Rousseau, I, 1009)	*De la multitude* (Necker, IR, 391)	*Raison générale* (Condorcet, TH, 858, 864)
Rumeur (Rousseau, I, 492)	*De tous* (Saint-Just, 515).	*Jugement général* (Condorcet, TH, 876)
Délire (Rousseau, I, 989)	*De tous les sujets* (Diderot, MC, 182)	*Jugement d'autrui* (Rousseau, IV, 670)
Crédulité (Rousseau, I, 955 ; La Beaumelle, IV, 503)	*Populaire* (Condorcet, OC, XI, 201 ; Staël, CRF, 134)	*Crédulité populaire* (Diderot, OC, XXV, 192)
Croyance (Guizot, HCE, 329)	*Du peuple* (Babeuf, 214 ; Condorcet, OC, XI, 200)	*Credo populaire* (Guizot, MG, 114)
Censure (Condorcet, TH, 316 ; Staël, DA, II, 300)	*Des gens éclairés* (Condorcet, OC, XI, 201)	*Ineptie populaire* (Diderot, OC, XXV, 200)
Malveillance (Staël, DA, II, 112)	*Des hommes éclairés* (Condorcet, TH, 876 ; Staël, DAE, 150)	*Préjugés populaires* (Diderot, OC, XXV, 107)
Morale (Condorcet, TH, 815, 854 ; Saint-Just, 513, 722 ; Staël, D, I, 276 ; DA, II, 180)	*Générale* (Rousseau, I, 895 ; Diderot, MC, 50 ; OC, XV, 165 ; Babeuf, 271 ; Condorcet, TH, 385 ; Staël, L, 388)	*Rumeur populaire* (Diderot, OC, XXV, 138).
Attention (Rousseau, III, 106 ; Babeuf, 195)	*Presque générale* (Staël, CA, 135)	*Crédit populaire* (Necker, AF, LIV)
Jugement du (Rousseau, V, 63 ; Diderot, XII, 572 ; Staël, DA, II, 68)	*(Du) Vulgaire* (Condorcet, TH, 297,689)	*Réputation populaire* (Staël, L, 230)
Sentence (Diderot, OC, XV, 165)	*Commune* (Condorcet, TH, 624, 879 ; Guizot, HCE, 65 ; Tocqueville, II, 538)	*Idées populaires* (Constant, CF, 52)
Tribunal du (Irailh, AM, 783)		*Préjugés du peuple, de la populace* (Condorcet, LCG, 16, 24)
Considération (Diderot, MC, 20)	*Universelle* (Staël, CA, 26 ; CRF, 127 ; Constant, O, 1077, 1263)	*Discours du peuple* (Diderot, OC, XXV, 403)
Certitude (Diderot, MC, 168)		*Esprit du* ou *des peuple(s)* (Staël, CA, 176 ; C, 219 ; CRF, 541)
Confiance (Rousseau, I, 959 ; Condorcet, M, 175)		

Conscience (Saint-Just, 740, 750, 764, 782)

Caractère (Saint-Just, 492, 669).

Imagination (Guizot, HCE, 47)

Lumières (Rousseau, III, 380; Staël, L, 137)

Bon sens (Staël, DAE, 75)

Instinct (Guizot, MG, 113)

Pensée (Guizot, MG, 122)

Intelligence (Guizot, HCE, 153)

Raison (Rousseau, III, 243; Condorcet, TH, 432; Chateaubriand, ER, 220; Guizot, HCE, 16, 128; HCF, IV, 267; Tocqueville, III, 140, 190)

Esprit (Saint-Just, 544, 652; Staël, CA, 35, 185, 321; CRF, 134; Constant, PP, 299; Tocqueville, III, 193).

Vœu (Staël, CRF, 464)

Foi (Rousseau, III, 914; Tocqueville, II, 521)

Voix (Rousseau, I, 738; Diderot, OC, XV, 165; Condorcet, TH, 876; Balzac, V, 731)

Dominante (Constant, CF, 326; Staël, CRF, 255)

Toute-puissante (Tocqueville, II, 695)

De cette masse (Staël, CA, 107)

D'une certaine classe = *mode* (Desmoulins, 137; Staël, CA, 68; DA, I, 93)

De parti (Staël, CA, 135)

De la société (Staël, L, 336; D, I, 243)

Du pays (Condorcet, TH, 621; Staël, DA, I, 99)

Du monde (Staël, D, I, 410; II, 32)

Des hommes (Staël, D, II, 111; Constant, PP, 73)

Du moment, (Condorcet, TH, 602; Staël, L, 300)

Du jour (Tocqueville, III, 763)

Permanente (Condorcet, TH, 747)

Ce qu'on appelle l' (Staël, DA, I, 72)

Factice (Constant, O, 1231; Staël, DAE, 133)

Apparente (Constant, O, 1231))

Sentiment du peuple (Staël, CA, 181)

Et souveraineté du peuple (Tocqueville, III, 37-38)

Préjugés nationaux, de nation (Maistre, CF, 97; Tocqueville, II, 514).

Raison nationale (Maistre, SP, 148)

Esprit national (Diderot, MC, 127; Staël, CA, 111, 341; L, 206; CRF, 580)

Esprit de la nation (Staël, DA, II, 61; CRF, 244)

Vœu de la nation, national (Staël, CRF, 99, 187)

Assentiment national (Staël, DAE, 243)

Caractère national (Condorcet, TH, 680; Staël, L, 236)

Lumières nationales (Staël, L, 160)

Sentiment national (Constant, PP, 297)

Disposition nationale (Constant, PP, 351)

Esprit du temps (Staël, CRF, 134)

Esprit du siècle (Staël, CRF, 143)

Esprit du jour (Constant, CF, 325)

		Esprit général (Staël, CA, 68) *Esprit d'indépendance* (Staël, CRF, 109) *Esprit de parti* (Staël, L, 319) *Esprit de la société* (Tocqueville, II, 790) *Doctrine commune* (Condorcet, M, 91)

Abréviations

BABEUF, *Écrits*, Pantin, Le temps des cerises, 2009.

BALZAC, *La comédie humaine*, « Bibliothèque de la Pléiade », Paris, Gallimard, 1976-1981, 12 vol.

CHATEAUBRIAND, *Essai sur les révolutions*, « Bibliothèque de la Pléiade », Paris, Gallimard, 1978.

CONDORCET – LCG : *Lettres sur le commerce des grains*, Paris, Couturier, 1774.

– M : *Cinq mémoires sur l'instruction publique*, Paris, Flammarion, 1994.

– OC : *Œuvres complètes*, Paris, Firmin-Didot, 1847-1849, 12 vol..

– TH : *Tableau historique des progrès de l'esprit humain*, Paris, INED, 2004.

CONSTANT – CF : *Commentaire sur l'ouvrage de Filangieri*, Paris, Belles-Lettres, 2004.

– O : *Œuvres*, « Bibliothèque de la Pléiade », Paris, Gallimard, 1957.

– PP : *Principes de politique*, Paris, Hachette, 1997.

DESMOULINS, *Le Vieux Cordelier*, Paris, Belin, 1987.

DIDEROT – OC : *Œuvres complètes*, Paris, Hermann, 1975…, 23 vol. parus.

– MC : *Mélanges pour Catherine II*, Paris, Garnier, 1966.

– PD : *Pensées détachées*, Sienne, Rettorato dell'Università, 1976.

GUIZOT – HCE : *Histoire de la civilisation en Europe*, Paris, Hachette, 1985.

– HCF : *Histoire de la civilistion en France*, Paris, Didier, 1846, 4 vol..

– MG : *Des moyens de gouvernement et d'opposition*, Paris, Belin, 1988.

HELVÉTIUS, *De l'esprit*, Paris, Fayard, 1988.

IRAILH – AM : M. Fumaroli, *La querelle des Anciens et des Modernes*, Paris, Gallimard, 2000.

LA BEAUMELLE, *Correspondance*, Oxford, Voltaire Foundation, 2005…, 5 vol. parus.

MAISTRE – CF : *Considérations sur la France*, Paris, Garnier, 1980.

– SP, *De la souveraineté du peuple*, Paris, P.U.F., 1992.

NECKER – AF : *De l'administration des finances de la France*, Lausanne, Heubach, 1785.

– IR : *De l'importance des idées religieuses*, Liège, Plomteux, 1788.

ROUSSEAU, *Œuvres complètes*, « Bibliothèque de la Pléiade », Paris, Gallimard, 1959-1995, 5 vol.

SAINT-JUST, *Œuvres complètes*, Paris, Gallimard, 2004.

SAINT-MARTIN, *Lettre à un ami*, Grenoble, Jérôme Millon, 2005.

STAËL – C : *Corinne ou l'Italie*, Paris, Gallimard, 1985.

– CA : *Des circonstances actuelles…*, Genève, Droz, 1979.

– CRF : *Considérations sur la Révolution française*, Paris, Tallandier, 1983.

– D : *Delphine*, Paris, Flammarion, 2000, 2 vol.

– DA : *De l'Allemagne*, Paris, Flammarion, 1968, 2 vol.

– DAE : *Dix années d'exil*, Paris, Plon-Nourrit, 1904.

– L : *De la littérature*, Paris, Flammarion, 1991.

TOCQUEVILLE, *Œuvres*, « Bibliothèque de la Pléiade », Paris, Gallimard, 1991-2004, 3 vol.

ANNEXE 2

Guy de Maupassant, 1881
OPINION PUBLIQUE

Comme onze heures venaient de sonner, MM. les employés, redoutant l'arrivée du chef, s'empressaient de gagner leurs bureaux.

Chacun jetait un coup d'œil rapide sur les papiers apportés en son absence ; puis, après avoir échangé la jaquette ou la redingote contre le vieux veston de travail, il allait voir le voisin.

Ils furent bientôt cinq dans le compartiment où travaillait M. Bonnenfant, commis principal, et la conversation de chaque jour commença suivant l'usage. M. Perdrix, le commis d'ordre, cherchait des pièces égarées, pendant que l'aspirant sous-chef, M. Piston, officier d'Académie, fumait sa cigarette en se chauffant les cuisses. Le vieil expéditionnaire, le père Grappe, offrait à la ronde la prise traditionnelle, et M. Rade, bureaucrate journaliste, sceptique railleur et révolté, avec une voix de criquet, un œil malin et des gestes secs, s'amusait à scandaliser son monde.

Quoi de neuf ce matin ? demanda M. Bonnenfant.

— Ma foi, rien du tout, répondit M. Piston ; les journaux sont toujours pleins de détails sur la Russie et sur l'assassinat du tzar[1].

1. Allusion à l'assassinat du Tsar Alexandre II le 13 mars 1881.

Le commis d'ordre, M. Perdrix, releva la tête, et il articula d'un ton convaincu :

> « Je souhaite bien du plaisir à son successeur, mais je ne troquerais pas ma place contre la sienne. »

M. Rade se mit à rire :

> « Lui non plus ! » dit-il.

Le père Grappe prit la parole, et demanda d'un ton lamentable :

> « Comment tout ça finira-t-il ? »

M. Rade l'interrompit :

> « Mais ça ne finira jamais, papa Grappe. C'est nous seuls qui finissons. Depuis qu'il y a des rois, il y a eu des régicides ».

Alors M. Bonnenfant s'interposa :

> « Expliquez-moi donc, monsieur Rade, pourquoi on s'attaque toujours aux bons plutôt qu'aux mauvais. Henri IV, le Grand, fut assassiné ; Louis XV mourut dans son lit. Notre roi Louis-Philippe fut toute sa vie la cible des meurtriers, et on prétend que le tzar Alexandre était un homme bienveillant. N'est-ce pas lui, d'ailleurs, qui a émancipé les serfs ? »

M. Rade haussa les épaules.

> « N'a-t-on pas tué dernièrement un chef de bureau ? » dit-il.

Le père Grappe, qui oubliait chaque jour ce qui s'était passé la veille, s'écria :

> « On a tué un chef de bureau ? »

L'aspirant sous-chef, M. Piston, répondit :

> « Mais oui, vous savez bien, l'affaire des coquillages ».

Mais le père Grappe avait oublié.

« Non, je ne me rappelle pas ».

M. Rade lui remémora les faits.

> « Voyons, papa Grappe, vous ne vous rappelez pas qu'un employé, un garçon, qui fut acquitté d'ailleurs, voulut un jour aller acheter des coquillages pour son déjeuner ? Le chef le lui défendit ; l'employé insista ; le chef lui ordonna de se taire et de ne point sortir ; l'employé se révolta, prit son chapeau ; le chef se précipita sur lui, et l'employé, en se débattant, enfonça dans la poitrine de son supérieur les ciseaux réglementaires. Une vraie fin de bureaucrate, quoi !
> — Il y aurait à dire, articula M. Bonnenfant. L'autorité a des limites ; un chef n'a pas le droit de réglementer mon déjeuner et de régner sur mon appétit. Mon travail lui appartient, mais non mon estomac. Le cas est regrettable, c'est vrai ; mais il y aurait à dire ».

L'aspirant sous-chef, M. Piston, exaspéré, s'écria :

> « Moi, Monsieur, je dis qu'un chef doit être maître dans son bureau, comme un capitaine à son bord ; l'autorité est indivisible, sans quoi il n'y a pas de service possible. L'autorité du chef vient du gouvernement : il représente l'État dans le bureau ; son droit absolu de commandement est indiscutable ».

M. Bonnenfant se fâchait aussi. M. Rade les apaisa :

> « Voilà ce que j'attendais, dit-il. Un mot de plus, et Bonnenfant enfonçait son couteau à papier dans le ventre de Piston. Pour les rois, c'est la même chose. Les princes ont une manière de comprendre l'autorité qui n'est pas celle des peuples. C'est toujours la question des coquillages. "Je veux manger des coquillages, moi ! - Tu n'en mangeras pas ! - Si ! - Non ! - Si ! - Non ! " Et cela suffit parfois pour amener la mort d'un homme ou la mort d'un roi ».

Mais M. Perdrix revint à son idée :

> « C'est égal, dit-il, le métier de souverain n'est pas drôle, au jour d'aujourd'hui. Vrai, j'aime autant le nôtre. C'est comme d'être pompier, c'est ça qui n'est pas gai non plus ! »

M. Piston, calmé, reprit :

> « Les pompiers français sont une des gloires du pays ».

M. Rade approuva :

> « Les pompiers, oui, mais pas les pompes ».

M. Piston défendit les pompes et l'organisation ; il ajouta :

> « D'ailleurs on étudie la question ; l'attention est éveillée ; les hommes compétents s'en occupent ; d'ici peu, nous aurons des moyens en harmonie avec les nécessités ».

Mais M. Rade secouait la tête.

> « Vous croyez ? Ah ! vous croyez ! Eh bien vous vous trompez, Monsieur ; on ne changera rien. En France on ne change pas les systèmes. Le système américain consiste à avoir de l'eau, beaucoup d'eau, des fleuves ; fi ! donc, la belle malice d'arrêter les incendies avec l'Océan sous la main. En France, au contraire, tout est laissé à l'initiative, à l'intelligence, à l'invention ; pas d'eau, pas de pompes, rien, rien que des pompiers, et le système français consiste à griller les pompiers. Ces pauvres diables, des héros, éteignent les incendies à coups de hache ! Quelle supériorité sur l'Amérique, songez donc ! ... Puis, quand on en a laissé rôtir quelques-uns, le conseil municipal parle, le colonel parle, les députés parlent ; on discute les deux systèmes : celui de l'eau et celui de l'initiative ! Et un dignitaire quelconque prononce sur le tombeau des victimes :
> *Non pas adieu, sapeurs, mais au revoir* (bis).
> — Voilà, Monsieur, comme on agit en France ».

Mais le père Grappe, qui oubliait les conversations à mesure qu'elles avaient lieu, demanda :

> « Où donc ai-je lu ce vers-là que vous venez de dire :
> *Non pas adieu, sapeurs, mais au revoir...*
> — est dans Béranger »,

répondit gravement M. Rade.

M. Bonnenfant, perdu dans ses réflexions, soupira :

> « Quelle catastrophe tout de même que cet incendie du *Printemps* ! »

M. Rade reprit :

> « Maintenant qu'on peut en parler froidement (sans jeu de mots), nous avons le droit, je pense, de contester un peu l'éloquence du directeur de cet établissement. Homme de cœur, dit-on, je n'en doute pas ; commerçant habile, c'est évident, mais orateur, je le nie.
>
> — Pourquoi ça ? demanda M. Perdrix.
>
> — Parce que, si l'affreux désastre qui le frappait n'avait attiré sur lui la commisération de tout le monde, on n'aurait pas eu assez de rires pour le discours de La Palisse dont il apaisa les craintes de ses employés : "Messieurs, leur dit-il à peu près, vous ne savez pas avec quoi vous dînerez demain ? Moi non plus. Oh ! moi, je suis bien à plaindre, allez. Heureusement que j'ai des amis. Il y en a un qui m'a prêté dix centimes pour acheter un cigare (dans des cas pareils on ne fume pas des londrès) ; un autre a mis à ma disposition un franc soixante-quinze pour prendre un fiacre ; un troisième, plus riche, m'a avancé vingt-cinq francs pour me procurer une jaquette à la *Belle Jardinière*.
>
> — Oui, moi, directeur du *Printemps*, j'ai été à la *Belle Jardinière* ! J'ai obtenu quinze centimes d'un autre pour autre chose ; et comme je n'avais plus même de parapluie, j'ai acheté un en-tout-cas en alpaga de cinq francs vingt-cinq, au

moyen d'un cinquième emprunt. Puis, mon chapeau lui-même étant brûlé, et comme je ne voulais pas emprunter davantage, j'ai ramassé le casque d'un pompier... tenez le voilà ! Suivez mon exemple, si vous avez des amis, adressez-vous à leur obligeance… Quant à moi, vous le voyez, mes pauvres enfants, je suis endetté jusqu'au cou !

Or un de ses employés n'aurait-il pas pu lui répondre :

—Qu'est-ce que ça prouve, patron ? Trois choses : 1° que vous n'aviez pas d'argent en poche. Il m'en arrive autant quand j'ai oublié mon porte-monnaie ; mais cela ne prouve pas que vous n'ayez point de propriétés, d'hôtels, ni de valeurs, ni d'assurances ; 2° cela prouve encore que vous avez du crédit auprès de vos amis : tant mieux, usez-en ; 3° cela prouve enfin que vous êtes très malheureux. Eh ! parbleu, nous le savons et nous vous en plaignons de tout notre cœur. Mais ce n'est pas cela qui améliore notre situation. Vous nous la baillez belle, en vérité, avec votre équipement à la boutique à treize ».

Cette fois, tout le monde dans le bureau fut d'accord. M. Bonnenfant ajouta, d'un air farceur :

« J'aurais voulu voir toutes les demoiselles de magasin quand elles se sauvaient en chemise ».

M. Rade continua :

« Je n'ai pas confiance dans ces dortoirs de vestales qui ont failli être rôties, d'ailleurs (comme les chevaux de la Compagnie des omnibus dans leurs écuries, l'an dernier). Tant qu'à enfermer quelque chose, ce sont les lampistes qu'on aurait bien fait de mettre sous clef ; mais les pauvres filles de la lingerie, fi donc ! Un directeur, que diable ! ne peut pas être responsable de tous les capitaux reposant sous son toit. Il est vrai que ceux des commis ont flambé dans la caisse : puissent au moins ceux des demoiselles être saufs ! Ce que j'admire, par exemple, c'est le cor pour appeler les employés.

Oh! Messieurs, quel cinquième acte! Vous figurez-vous ces grandes galeries pleines de fumée, avec des éclairs de flamme, le tumulte de la fuite, l'affolement de tous, tandis que, debout dans le rond-point central, en savates et en caleçon, sonne à pleins poumons un Hernani moderne, un Roland de la nouveauté! »

Alors M. Perdrix, le commis d'ordre, prononça tout à coup :

« C'est égal nous vivons dans un drôle de siècle, dans une époque bien troublée - ainsi, cette affaire de la rue Duphot... »

Mais le garçon de bureau entrouvrit brusquement la porte :

« Le chef est arrivé, Messieurs ».

Alors, en une seconde, tous s'enfuirent, filèrent, disparurent, comme si le ministère lui-même eût brûlé ».

INDEX DES NOMS PROPRES

ADLER H. 62, 170

AGUESSEAU d' 115, 122, 123, 124

ALEMBERT d' 13, 56, 57, 62, 68, 140, 157

AMIOT A.M. 92

ARON R. 198

BABEUF 80, 153, 154, 215, 216

BACZKO B. 159

BAKER K. 10, 119, 131, 132

BALZAC H. de 187, 189, 190, 215, 217

BAYLE 32, 42, 43, 45, 46, 47, 48, 49, 50, 53, 59, 60, 62, 67, 73, 75, 77, 78, 87, 157, 185

BECKER R.Z. 170

BENTHAM 78

BLONDIAUX L. 211

BOCH J. 47

BONNET S. 128

BOSSUET 11, 52, 53, 54, 56, 57, 58, 133

BOUCHERON P. 15

BOULAD-AYOUB J. 54

BOURDIEU P. 15, 16, 209

BOURDIN J.-C. 149

BRUNNER O. 9

BRUNSCHWIG H. 102

BURKE 17, 36, 37, 80, 98, 142, 143, 199

CARRIER H. 133

CASABIANCA D. de 138

CASTILLON 171

CHAMPAGNE P. 15

CHATEAUBRIAND 86, 88, 89, 90, 92, 94, 95, 96, 97, 142, 201, 215, 217

COLBERT 113

CONDILLAC 158

CONDORCET 70, 91, 92, 94, 96, 132, 138, 140, 141, 142, 154, 155, 158, 160, 161, 169, 171, 186, 215, 216, 217, 218

CONSTANT 53, 71, 72, 73, 112, 134, 135, 138, 146,

160, 163, 172, 173, 176, 181, 182, 186, 189, 191, 192, 197, 198, 212, 213, 215, 217
CONZE W. 9
CRISTIN O. 24, 35, 44

DES GRANGES 44
DESMOULINS 152, 215
DESTUTT DE TRACY 158, 179
DIDEROT 11, 54, 55, 58, 131, 137, 139, 141, 210, 215, 216, 217
DUMOUCHEL P. 54

ÉPICTÈTE 31
ERHARD J.B. 104

FABER T. von 178
FARGE A. 11
FÉNELON 35, 52, 53, 56, 196
FICHTE 103
FÖRSTER 120
FOUCAULT M. 12, 13, 14, 34
FRASER N. 9
FUMAROLI M. 35
FURET F. 10, 90, 167

GINSBERG B. 212
GODWIN 94, 104, 134, 136, 137, 160, 163, 185
GRENON M. 54
GUIZOT 19, 129, 143, 146, 147, 148, 186, 190, 194, 197, 198, 215, 216, 217

GUNN J.A.W. 11, 12, 111, 121, 122, 133

HABER S. 15, 213
HABERMAS J. 7, 8, 9, 10, 12, 14, 15, 19, 212
HALÉVI R. 167
HAMEL E. 161
HARTOG F. 97
HEGEL 182, 196
HELVÉTIUS 58, 59, 158, 215
HOBBES 25, 27, 28, 29, 30, 31, 39, 41, 67, 69, 100, 128
HOLBACH d' 65, 67, 69, 157
HONNETH A. 9, 213
HÖSCHER L. 119
HUME 61, 124

IRAILH A.S. 215, 216

JOUANNA A. 18, 34, 43, 53

KAISER T.E. 113
KANT 8, 37, 49, 51, 74, 98, 99, 101, 102, 103, 104, 137
KOSELLECK R. 9, 74

LA BEAUMELLE 215, 216
LABROUSSE É. 42, 43, 53
LAKANAL 158, 162
LARTIGUE J. de 111
LAW 113, 114, 117, 127
LEFEBVRE J.P. 120

LEIBNIZ 155
LILTI A. 12
LIPPMANN W. 172
LOCKE 34, 35, 36, 37, 38, 39, 40, 41, 42, 44, 73, 101, 111, 112, 137, 200
LOSURDO D. 98

MACHEREY P. 159
MACHIAVEL 45, 80
MAISTRE 89, 90, 142, 215
MARMONTEL 111
MATTHIEU 103
MAUPASSANT 207, 214
MAZA S. 11
MAZAURIC C. 161
MELKEVIK B. 54
MERCIER L.S. 130
MERLIN-KAJMAN H. 8
MILCHINA V. 178
MILL J.S. 206
MIRABEAU G.V.H. Riqueti, comte de 166
MONTAIGNE 110, 128
MONTESQUIEU 24, 56, 57, 60, 62, 66, 82, 83, 84, 85, 105, 124, 138, 178, 179, 180, 182
MOUREAU F. 133

NAUDÉ 122
NECKER 11, 115, 116, 135, 140, 215
NEGT O. 9, 197
NICOLET C. 112, 163, 179

NIETZSCHE 46, 197

OFFENSTADT N. 15
OHJI K. 115
OZOUF M. 151, 153

PAINE 56, 92, 133
PAOLETTI G. 135
PASCAL 67, 96, 97, 123
PEUCHET J. 132
PLATON 16, 110
POIRSON M. 111
PRANCHÈRE J.-Y. 142
PRÉVOST 110, 112, 124, 174
PRIESTLEY 163
PRINCIPATO A. 86

RABAUT SAINT-ÉTIENNE 55, 56
RAYNAL 115, 116
REYNIÉ D. 14, 211
RIALS S. 56
RICHET D. 90
ROBESPIERRE 135, 140, 151, 154, 161
ROEDERER 160
ROUSSEAU 13, 54, 57, 60, 62, 84, 95, 101, 126, 127, 128, 130, 134, 142, 146, 152, 168, 215, 216, 217

SAINT-JUST 152, 153, 215, 216, 217
SAINT-MARTIN 90, 92, 215

SAINT-SIMON 117, 118, 125, 191

SALAÜN F. 12

SCHANDELER J.-P. 160

SIEYÈS 160

SPINOZA 49, 69

STAËL 8, 76, 77, 78, 79, 83, 84, 85, 97, 112, 116, 131, 132, 133, 157, 160, 161, 162, 163, 164, 168, 172, 173, 174, 175, 177, 179, 192, 215, 216, 217, 218

SWEDENBORG 87, 90

TOCQUEVILLE 81, 175, 180, 198, 200, 201, 203, 204, 205, 206, 215, 217, 218

VAN KLEY D. 11

VEYNE P. 35

VOLNEY 140

VOLTAIRE 12, 24, 25, 41, 55, 60, 62, 66, 91, 125, 131, 160

TABLE DES MATIÈRES

ÉTAT DES LIEUX 7

PREMIÈRE PARTIE
LES PARADOXES DE LA TOLÉRANCE

CHAPITRE PREMIER : LE PARADOXE 23
   Impuissance de l'Église, impuissance de l'État 23
   La tolérance justifiée par les effets 30
   La tolérance justifiée par les principes 35
   La tolérance justifiant l'athéisme 42
CHAPITRE II : LE PARADOXE DU PARADOXE 51
   Tolérance civile, tolérance ecclésiastique 52
   La religion naturelle ou le compromis majeur 59
   La morale naturelle ou l'orthodoxie radicale 62
   L'opinion publique ou l'institution de l'hétérodoxie 70
CHAPITRE III : PASSAGES DE TÉMOINS 74
   Mme de Staël en 1798 : les idées religieuses au principe de
      la république 76
   Chateaubriand en 1797 : aucune histoire n'est disponible 86
   Kant en 1793 : opinion publique *versus* orthodoxie
      religieuse 98

SECONDE PARTIE
LES ÉQUIVOQUES DE L'OPINION PUBLIQUE

CHAPITRE IV : LES AÏEUX 109
    Estime publique, confiance publique, voix publique 109
    Opinion publique et opinion tout court 119
    Opinion publique lumières publiques, raison publique
        (Rousseau)... 126
    Comment se compose l'opinion publique (1): la raison
        immanente 129
    Comment se compose l'opinion publique (2): la raison
        émanante 136
    La nouvelle raison publique (Guizot) 141
CHAPITRE V : LES RIVAUX.. 151
    Opinion publique, opinions privées, instruction publique 154
    La concurrence des syntagmes 164
    Simulacres... 169
    Synonymes... 177
CHAPITRE VI : LES OMBRES.. 185
    Opinion publique ou intérêts privés ? 187
    Opinion publique ou foi commune ?..................................... 198
    Opinion publique ou opinions futiles ? 206

ANNEXE 1 (simulacres et synonymes)..................................... 215
ANNEXE 2 (Guy de Maupassant, *Opinion publique*) 221

INDEX DES NOMS PROPRES 229

TABLE DES MATIÈRES 231

DU MÊME AUTEUR

Critiques des droits de l'homme, Paris, P.U.F., 1989.

Les trois sources des philosophies de l'histoire (1764-1798), Paris, P.U.F., 1994. Seconde édition revue et corrigée, Québec, Presses de l'Université Laval, 2008.

Introduction à De l'esprit des lois *de Montesquieu*, Paris, P.U.F., 1998.

La raison sans l'Histoire, Paris, P.U.F., 2007.

Directions d'ouvrages collectifs :

Sens du devenir et pensée de l'histoire au temps des lumières, avec F. Tinland, Seyssel, Champ Vallon, 2000.

L'Homme perfectible, Seyssel, Champ Vallon, 2004.

Les Équivoques de la civilisation, Seyssel, Champ Vallon, 2005.

Bentham contre les droits de l'homme, avec J.-P. Cléro, Paris, P.U.F., 2007.

Nouvelles lectures du Tableau historique *de Condorcet*, Québec, Presses de l'Université Laval, 2010.

ACHEVÉ D'IMPRIMER
EN FÉVRIER 2012
PAR L'IMPRIMERIE
DE LA MANUTENTION
À MAYENNE
FRANCE
N° 847060Y

Dépôt légal : 1er trimestre 2012